PROPHETEN-
GESCHICHTEN
aus dem Weisen Koran

10. Auflage, Januar 2026

1. Auflage, Januar 2020,
seitdem über 40.000 verkaufte Exemplare

ÜBERSETZUNG *Lenius Hirschberger*
HERAUSGEBER *Dr. Arhan Kardaş*
REDAKTION *Şevval Mısırlıoğlu*
LEKTORAT *Dr. Frank Giesenberg*
Lenius Hirschberger
ILLUSTRATION *Büşra Mısırlıoğlu*
COVER & SATZ *Onur Alka*

Erschienen im Define Verlag

Linemarketing GmbH
Wilhelmstr. 29 A/2 – 13593 Berlin
www.deinbuchshop.de
ISBN: 978-3-946871-24-8
Druck: Read Me

DIE REIHENFOLGE DER PROPHETEN IN DIESEM BUCH

1. Adam (Ādem)
2. Henoch (Idrīs)
3. Noah (Nūḥ)
4. Hud (Hūd)
5. Salih (Ṣāliḥ)
6. Abraham (Ibrāhīm)
7. Lot (Lūṭ)
8. Ismael (Ismā'īl)
9. Isaak (Isḥāq)
10. Jakob (Ya'qūb)
11. Josef (Yūsuf)
12. Hiob (Eyyūb)
13. Schuaib (Schu'ayb)
14. Moses (Mūsā)
15. Aaron (Hārūn)
16. David (Dāwūd)
17. Salomon (Suleymān)
18. Elias (Ilyās)
19. Elisa (Elyese'a)
20. Dhu'l-Khifl
21. Jonas (Yūnus)
22. Zacharias (Zekeriyyā)
23. Johannes (Yaḥyā)
24. Jesus ('Īsā)
25. Muhammed

INHALT

PROPHETENGESCHICHTEN

aus dem Weisen Koran

VORWORT

IHR ALLE KENNT BESTIMMT DIE GESCHICHTE von Adam und Eva oder habt schon mal von Noah und seiner Arche, der Arche Noah, gehört; oder die Begebenheiten von Abraham und seinem Sohn Ismael sind euch bekannt. Diese Personen sind wichtige Propheten, die von allen drei monotheistischen Religionen zweifelsohne anerkannt werden. Auch ihre Geschichten unterscheiden sich in allen drei Religionen im Wesentlichen nicht. Gott, der Allmächtige, hat der Menschheit Propheten gesandt, um uns gutes Benehmen und den Sinn des Lebens zu lehren. Im Weisen Koran werden 25 Propheten erwähnt, unter denen der ehrwürdige Adam der erste und der ehrwürdige Muhammed der letzte ist. Diese Geschichten sind voller Lehren für die Menschen, und die Propheten stellen die besten Vorbilder dar, denen man folgen sollte. Sie zeigen die große Barmherzigkeit Gottes uns gegenüber auf die bestmögliche Art und Weise auf. Trotz aller Schwierigkeiten, denen sie gegenüberstanden, waren sie standhaft in ihrem Glauben, und mit äußerster Geduld und Ausdauer widmeten sie sich dem Gebet und dem Lehren.

In diesem Buch möchten wir euch insgesamt 25 Propheten vorstellen und euch die wichtigsten Ereignisse ihres Lebens näherbringen. Euch wird auffallen, dass einige Prophetengeschichten viel länger sind, als andere. Das kann verschiedene Gründe haben. Meistens liegt es daran, dass uns nicht sehr viele Überlieferungen erreicht haben. Die Länge der einzelnen koranischen Erzählungen variiert. Einige von ihnen sind sehr lang (z. B. die Geschichte des Propheten Joseph) und beinhalten viele Details; andere wiederum sind in wenige Sätze gefasst (z. B. die Geschichte des Propheten Elias), und manchmal werden nur die Namen der Propheten erwähnt (z. B. Dhu'l-Kifl). Aus diesem Grund haben wir einige sehr kurze Geschichten mit zusätzlichen Informationen aus den Aussprüchen des Propheten Muhammed, Friede sei mit ihm, und Überlieferungen anderer Quellen, wie dem *Qisas-ul-Enbiyā'* von Ibn Kethīr, ergänzt. Daher kann man einige Angaben in diesem Buch nicht im koranischen Text wiederfinden. Weiterhin ist zu beachten, dass einige Erzählungen vorislamische Aussagen enthalten können.

Außerdem weisen viele Geschichten Parallelen auf; das liegt daran, dass die Menschen immer wieder die gleichen oder ähnliche Fehler machten und Gott ihnen einen Lehrer und Ermahner, also einen Propheten schickte. Auch der Ablauf ähnelt sich in den meisten Prophetengeschichten. Da die Mehrheit der Menschen den Propheten zu Anfang nicht glaubten und die Propheten sie auch nicht umstimmen konnten und sie sehr starrköpfig und stur waren, wurden sie von Gott getadelt bzw. bestraft, weil sie sich mit ihren Handlungen und ihrem Aberglauben von Gottes Barmherzigkeit selber ausschlossen. Das war die einzige Sprache, die sie damals verstanden. Mit der Offenbarung des Korans versprach der barmherzige Schöpfer, dass er kein einziges Volk mehr als Ganzes bestrafen und aus der Geschichte tilgen wird. Die Bestrafung der vorangegangenen Völker diente auch dazu, dass die nächsten Völker und Generationen daraus ihre Lehre ziehen konnten. Auch wir sollten aus diesen Begebenheiten unsere Lehren ziehen und versuchen, auf dem Pfad der Propheten zu gehen.

Möge Gott uns nicht davon abbringen, stets das von Gott Gewollte zu tun, selbst wenn wir Fehler begehen oder sündigen und den Weg der Reue und der Rückkehr wiederfinden.

Aus Respekt vor den Propheten werden sie gemäß der islamischen Tradition nicht bildlich dargestellt. Dies ist ein Prinzip, welches wir in diesem Buch ausnahmslos einhalten. Wir bitten Gott, diese Arbeit um Seinetwillen anzunehmen. Unsere Absicht ist es, Kinder aller Altersstufen mit Gottes Botschaft für die Menschheit, welche im Heiligen Koran offenbart wurde, zu belehren und zu bereichern. Wichtige Propheten, wie beispielsweise den ehrwürdigen Jesaja oder Samuel, haben wir bewusst nicht behandelt, da es wichtig war, zunächst von den Propheten, die namentlich im Koran erwähnt worden sind, zu erzählen. Dabei konnten nicht alle 124.000 Propheten mit aufgeführt werden und es mussten Prioritäten gesetzt werden, dies sollte für jeden verständlich sein. Jede Gesellschaft hatte einen Propheten, und diese lange Reihe der Propheten wurde mit dem Siegel des Propheten Muhammed endgültig abgeschlossen. Er ist nämlich der letzte Gesandte Gottes und der Prophet aller Menschen, die nach ihm gelebt haben, leben und noch leben werden.

Das Gute in diesem Buch kommt von Gott, und jegliche Fehler sind unseren Unzulänglichkeiten geschuldet.

بسم الله الرحمن الرحيم

Im Namen Gottes, des Allerbarmers,
des Allbarmherzigen

1. DER EHRWÜRDIGE PROPHET
ADAM
URVATER DER MENSCHHEIT

Nachdem Gott das Universum, die Welt sowie alle Pflanzen und Lebewesen erschaffen hatte, sagte Er den Engeln, dass Er Menschen erschaffen würde. Die Engel fragten Ihn: *„Willst Du auf ihr jemanden einsetzen, der dort Unordnung und Unheil stiftet und Blut vergießt?"* Er sprach zu ihnen: *„Fürwahr, Ich weiß, was ihr nicht wisst"*[1].

Dann erschuf Gott Adam, den ersten Menschen, aus feuchtem Lehm.

Er lehrte Adam die Namen aller Dinge, ein-

1. Koransure el-Baqara 2:30.

schließlich aller Pflanzen und Tiere, Sonne, Mond und Sterne. Dann zeigte Gott den Engeln all diese Dinge und sagte: *„Nennt Mir deren Namen, wenn ihr wahrhaft seid."*[2]

Die Engel sagten: *„Gepriesen seiest Du. Wir haben kein Wissen außer dem, was Du uns gelehrt hast. Wahrlich, Du allein bist der Allwissende, der Weise."*[3]

Daraufhin sagte Gott: *„O Adam, nenne ihnen diese Dinge und Geschöpfe mit ihren Namen."*[4]

Nachdem Adam ihnen die Namen genannt hatte, befahl Gott den Engeln, sich vor Adam zu verbeugen. Alle verneigten sich. Doch unter den Engeln befand sich auch Satan. Satan war ein Dschinn, ein Geschöpf, das aus rauchlosem Feuer erschaffen worden war. Er weigerte sich, sich vor Adam niederzuwerfen, und sagte: *„Ich bin besser als er, denn Du hast mich aus Feuer erschaffen, und ihn hast Du aus Lehm erschaffen."*[5] Er war neidisch und eingebildet.

Daher schickte Gott Satan in die Hölle, aber Satan bat den Schöpfer, ihn bis zum Tag der Abrechnung zu verschonen. Gott gab ihm diese Zeit. Satan

2. Koransure el-Baqara 2:31.
3. Koransure el-Baqara 2:32.
4. Koransure el-Baqara 2:33.
5. Koransure el-A'raf 7:12.

wollte aber die verbleibende Zeit dafür nutzen, um alle Menschen in Versuchung zu führen, Sünden zu begehen, damit sie in die Hölle kommen. Er würde sie verlocken und ihnen böse Gedanken einflüstern. Er schwor, dass nur wenige Menschen sich Gott gegenüber dankbar erweisen würden. Nur Seine treusten Diener würden Ihm gehorsam sein. Gott wollte, dass Adam und seine Frau Eva im Paradies leben und von allem essen, was es dort gab. Er warnte sie aber davor, sich einem bestimmten Baum zu nähern. Doch Satan wollte, dass sie Gott nicht gehorchen, und verführte sie, vom verbotenen Baum zu essen. Schließlich nahmen sie sich eine Frucht. Nachdem sie die Frucht untereinander geteilt hatten, schämten sie sich plötzlich. Sie sammelten Blätter und Zweige im Garten und versuchten, sich damit zu bedecken.

Doch Gott sieht alles, und sie konnten weder sich selbst noch ihre Sünde vor Ihm verbergen.

Dann schickte Gott sie aus dem Paradies fort, damit sie eine Zeit lang auf der Erde leben sollten. Gott riet ihnen, sich immer daran zu erinnern, dass jeder, der Seiner Rechtleitung folgt, nichts zu befürchten brauche, und dass sie nach ihrem Tod für immer ins Paradies zurückkehren würden. Adam und Eva bereuten ihre Tat sehr. Sie flehten Ihn an, ihnen zu vergeben und barmherzig zu sein. Sie erinnerten sich daran, dass sie ohne Seine Barmherzigkeit nicht einmal existieren würden. Gott verzieh ihnen und ernannte Adam zum ersten Propheten.

Wir Menschen können Satan nicht sehen. Das ist einer der Gründe, warum wir häufig zu Gott beten sollen. Wir brauchen Gott auch, um weiterzuexistieren, für alles Lebensnotwendige, damit wir im Leben den richtigen Weg finden und Er uns vor dem Satan und seinen Helfern beschützt. Nur Gott kann es uns ermöglichen, gute Dinge zu tun, damit wir für immer in das Paradies zurückkehren können.

2. DER EHRWÜRDIGE PROPHET
IDRIS
DER PROPHET HENOCH, DER HÖHERGESTELLT WURDE

ADAM HATTE VIELE KINDER, UND AUCH sie hatten viele Kinder und Enkel, von denen einige Propheten waren. Im Weisen Koran wird Idris, ein Prophet und Diener Gottes, erwähnt. Er war ein Urenkel von Adams Sohn Seth. Auch Idris war ein ehrlicher und aufrichtiger Mann, und Gott erhöhte ihn zu einem hohen Rang.[6] Idris rief sein Volk auf, nur Gott anzubeten, doch nur sehr wenige folgten seinem Ruf. Die meisten wandten sich von ihm ab. Trotzdem lehrte er sie, aufrichtig und fair zu sein, an bestimmten Tagen

6. Es wird überliefert, dass Idris (Friede sei mit ihm) in der vierten Dimension des Himmels lebt.

zu beten und zu fasten. Des Weiteren brachte er ihnen bei, einen Teil ihres Reichtums den Armen zu spenden, was Gott sehr gefiel.

Idris lehrte sie viele weitere wichtige Dinge, und auch wir lernen heute noch viel von ihm. Er warnte die Menschen davor, andere zu beneiden und erklärte ihnen, dass man Gott am besten seine Dankbarkeit zeigen kann, wenn man die Dinge, die Gott einem geschenkt hat, mit anderen teilt. Auch warnte er sie davor, maßlos oder ausschweifend zu sein, da ihnen das am Ende nichts bringen würde. Weiterhin sagte er, dass Menschen nur glücklich sein könnten, wenn sie viele gute Taten verrichten würden, weil ihre guten Taten am Tag des Jüngsten Gerichts vor ihrem Herrn für sie sprechen würden. Weisheit zu besitzen würde wahres Glück bedeuten. Es wird berichtet, dass Idris der erste Schneider auf der Erde war, deshalb gilt er als Begründer dieses Handwerks.

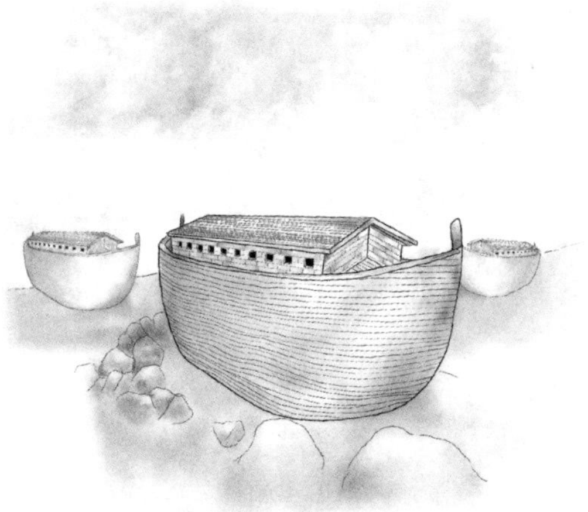

3. DER EHRWÜRDIGE PROPHET

NOAH

UND DIE SINTFLUT

VIELE, VIELE JAHRE VERGINGEN VON Adam bis zum Propheten Noah. Eine Zeit lang waren viele gute Menschen in seinem Volk.

Nach dem Tod dieser Menschen machten ihre Freunde und Bewunderer Statuen von ihnen, um sich an sie zu erinnern. Schließlich beteten die Kinder dieser Leute die Statuen an. So begann ihr Götzenkult. Als Satan sie dazu brachte, den wahren Gott zu vergessen, wurden die Menschen hartherzig und verhielten sich unanständig. Deshalb sandte Gott den Propheten Noah, einen intelligenten und geduldigen Mann, um seinem Volk Recht und Unrecht zu lehren. Er war ein hervorragender Redner. Noah erklärte ihnen, dass jedes Lebewesen zwischen Himmel und Erde sich ausschließlich vor Gott und vor nichts anderem verneigen sollte. Eine Zeit lang hörten sie ihm zu, doch später sagten sie, er würde lügen. Nur die Schwachen, Armen und gewöhnlichen Menschen glaubten ihm. Seine Botschaft der Barmherzigkeit tat ihnen gut. Was jedoch die Herrscher, Reichen, Starken und Mächtigen betrifft, sie sagten zu ihm: *„Wir sehen in dir nichts anderes als einen Sterblichen, wie wir selbst es sind.“*[7] Noah versicherte ihnen, dass er nichts von ihnen verlangte, weder Reichtum noch Anerkennung. Neunhundertfünfzig Jahre rief er die Menschen zum Glauben an den Einen Gott auf.[8] Doch es gab nur wenige, die an ihn glaubten. Diejenigen, die nicht glaubten, blieben stolz, arrogant und unfreundlich. Eines Tages betete Noah zu Gott, dass diese Menschen vernichtet werden sollten: *„Mein Herr! Lasse nicht einen einzigen von den Ungläubigen auf der Erde zurück, die dort wohnen! Wenn Du sie dort zurücklässt, dann werden sie Deine*

7. Koransure Hūd 11:27.
8. In der Koranexegese wird Noahs Lebensdauer von neunhundertfünfzig Jahren interpretiert als die Lebensdauer seines Bundes in den Nachfolgegenerationen.

Diener irreführen, und sie werden nichts weiter als schamlose und zügellose, undankbare Ungläubige zeugen.“[9] Gott nahm sein Gebet an und befahl ihm, eine große Arche, ein riesiges Holzschiff[10], zu bauen. Noah suchte einen abgelegenen Platz außerhalb der Stadt. Dieser Platz lag weit weg vom Meer. Er besorgte so viel Holz und Werkzeuge, wie er benötigte, und machte sich an die Arbeit. Tag und Nacht arbeiteten er und seine Gefolgschaft an der Arche. Dies wiederum machte die Menschen neugierig, und sie kamen, um zu sehen, was er außerhalb der Stadt so tat. Als sie ihn sahen, lachten sie ihn aus und verspotteten ihn: „Bist du irre, ein Schiff so weit entfernt vom Meer zu bauen? Schämst du dich nicht?“, fragten sie ihn.[11]

Gelassen antwortete Noah: *„Und ihr werdet es schon bald erfahren, über wen eine Strafe kommen wird, die ihn in Schande stürzt, und auf wen eine*

---

9. Koransure Nūh 71:26–27.
10. Es ist nicht auszuschließen, dass diese Arche aus mehreren Schiffen bestand bzw. eine Flotte war und nicht nur ein Schiff. Die Bezeichnung „fulk“ im Koran steht für mehrere Schiffe. Noah war kein Tischler oder Ingenieur, aber die Technik, die er bei dieser Flotte angewendet hatte, war ihm von Gott offenbart worden. Aus den Ausführungen des Korans geht hervor, dass seine Gefolgschaft ihm beim Bau der Arche geholfen hat.
11. Koransure Hūd 11:38.

bleibende Strafe niedergehen wird.“[12] Schließlich hatte Noah das Schiff fertiggestellt und wartete geduldig auf Gottes Befehl. Dann kam der Tag, an dem das Wasser sich über die ganze Erde ergoss.

Das war der Beginn der Sintflut. Sofort öffnete Noah die Türen des Schiffs und rief alle Gläubigen auf, einzusteigen.

Außerdem nahm er von allen Tieren jeweils ein männliches und ein weibliches mit. Als die Menschen ihm zusahen, wie er diese Geschöpfe auf das Schiff nahm, fingen sie an, laut zu lachen. „Was wird er wohl mit all diesen Tieren machen?“, fragten sie sich.[13]

Da die Frau und der Sohn Noahs nicht an ihn glaubten, wollten sie ihm auch nicht auf das Schiff folgen. Als es dann zu regnen begann, sah Noah seinen Sohn und rief ihn an Bord: *„Steige mit uns ein, mein Sohn, und bleibe nicht mit den Ungläubigen!“*[14] Sein Sohn antwortete: *„Ich will mich auf einen Berg begeben, der mir Schutz vor dem Wasser bieten wird!“* Da sagte Noah: *„Heute gibt es keinen Schutz vor Gottes Entscheidung außer für den, mit*

12. Koransure Hūd 11:39.
13. Vgl. Koransure Hūd 11:40.
14. Koransure Hūd 11:42.

dem Er Erbarmen hat.“[15] Aber es war zu spät. Der junge Mann folgte dem Ratschlag seines Vaters nicht und ertrank mit den anderen. Daraufhin fragte der Prophet Noah seinen Schöpfer, warum sein Sohn nicht verschont wurde. Der Schöpfer des Himmels und der Erde antwortete, dass Noahs Sohn nicht zu den Menschen gehörte, die ehrlich und anständig waren. Dann bat Noah Gott um Verzeihung für die Frage, da Gott ganz genau weiß, was Er tut.

Es regnete in Strömen. Niemand hatte je zuvor so einen starken Regen erlebt. Alle Seen und Flüsse schwollen an und liefen über. Alle Flüsse stürzten in das Meer, und der Meeresspiegel stieg an. Täler, Hügel und Berge, Dörfer und Städte – alles versank unter den aufbrausenden Wogen der Wasser. Als die Erde gereinigt war von allen bösen Menschen, befahl Gott dem Regen und dem Wasser aufzuhören. Nun sank der Meeresspiegel wieder und die Arche kam auf dem Gebirge Djūdīy zum Liegen. Auf der Erde kehrten wieder Frieden und Ruhe ein. Daraufhin ließ Noah die Tiere frei, damit sie sich wieder auf der Erde verbreiteten. Nachdem die Gläubigen das Schiff verlassen hatten, warf sich

15. Koransure Hūd 11:43.

Noah voller Dankbarkeit vor dem Allmächtigen Gott nieder. Als sein Tod näher kam, erinnerte er seine Kinder daran, dass es keinen anderen Gott außer dem Einen Gott gibt. Das sollten sie niemals vergessen.

Er warnte seine Gefolgschaft ebenfalls davor, nie etwas anderes außer den Einen und Einzigen Schöpfer der Himmel und der Erde anzubeten oder hochmütig zu sein.

4. DER EHRWÜRDIGE PROPHET HUD UND DER STURM

SCHON SEIT LANGER ZEIT LEBTE EIN VOLK namens ʿĀd in den Bergen, in einem Gebiet zwischen dem Jemen und dem Oman. Die ʿĀd stammten von Sem ab, einem der drei Söhne Noahs. Sie waren groß und stark und bekannt für ihre Geschicklichkeit beim Bauen von Gebäuden. Es gab in der Stadt viele große Bauwerke und hohe Türme. Die ʿĀd vergaßen, Gott dankbar zu sein, und sie wurden arrogant und überheblich. Sie prahlten, reicher und mächtiger als alle anderen Nationen der Welt zu sein, und obwohl sie Gott anbeteten, begingen sie die größte Sünde gegen Ihn: Sie verehrten neben Ihm noch andere Götzen und Götter.

Aus diesem Grund sandte Gott den Propheten Hud zu ihnen. Er war einer von ihnen und sollte ihnen den rechten Weg weisen. Der Prophet Hud war geduldig, tolerant und von noblem Charakter. Er redete ihnen gut zu und warnte sie: „Wie sollen diese Steine, die ihr anbetet, euch schon helfen können? Ihr habt sie doch selbst gemeißelt. In Wahrheit gibt es keinen Gott außer dem Einen, der der Anbetung würdig ist. So betet einzig und allein Ihn an!“ Sie wurden frech und fragten ihn: „O Hud, möchtest du etwa unser Anführer sein? Was erhoffst du dir von uns? Etwa Reichtümer?“

Der Prophet Hud erwiderte: „Ich begehre nichts von euch! Ich rufe euch nur auf, an den Einen und Einzigen Gott zu glauben!“ Schließlich stritten die ʿĀd mit dem Propheten Hud: „Wer soll uns schon vernichten, wenn wir nicht an das glauben, was du uns berichtest?“ „Gott“, entgegnete ihnen der ehrwürdige Hud. Daraufhin antworteten sie: „Unsere Götter werden uns schon beschützen.“ Hud erklärte ihnen, dass ihre Götzenbilder ihnen nicht helfen können.

Die Jahre vergingen und das Volk der Ad wurde immer schwieriger und starsinniger. Hud warnte sie immer wieder davor, dass Gott die bestraft, die nicht an Ihn glauben, ganz gleich, wie reich, mächtig oder groß sie auch sein mögen. *„Mein Herr wird ein anderes Volk euren Platz einnehmen lassen, während ihr Ihm nicht den geringsten Schaden zufügen könnt"*, sagte Hud.[16] Von nun an regnete es eine sehr lange Zeit nicht mehr. Unter den Sonnenstrahlen verbrannten die Felder, die Wasserquellen und Seen trockneten aus und der Boden darunter wurde rissig. Im ganzen Land herrschte eine schreckliche Dürre. Die Menschen kamen zum Propheten Hud und fragten ihn: „Warum haben wir diese Dürre?" Er erwiderte: „Weil Gott euch damit bestraft. Wenn ihr jedoch an Ihn glaubt, wird Er euch vergeben und es wird wieder regnen. Ihr werdet stärker sein als je zuvor." Aber sie verspotteten ihn und beharrten in ihrer Ablehnung. Daraufhin wurde die Trockenheit immer schlimmer; es war wie in einem Ofen. Pflanzen und sogar Bäume vertrockneten sofort. Eines Tages sahen die Leute eine riesige und schwere Wolke am Himmel. „Da, eine Wolke! Eine Wolke! Es wird regnen", riefen sie. Sie begannen zu jubeln und zu feiern, auf den Straßen zu tanzen und zu schreien. Ganz plötzlich veränderte sich das Wetter und es war nicht mehr so heiß. Es war jetzt bitter kalt und

16. Koransure Hūd 11:57.

die Menschen froren bis auf die Knochen durch. Ein gewaltiger Sturm wütete eisig über Bäumen, Pflanzen, Menschen und Tieren. Voller Entsetzen stürzten die Leute in ihre Häuser. Aber der Wind wurde von Tag zu Tag kälter und stürmischer. Tagsüber kauerten die Menschen zum Schutz in ihren Häusern, aber der Orkan wurde immer heftiger. Selbst die Tiere wurden vom Wind mitgerissen. Nun knarrten auch die Häuser, bekamen Risse und fielen langsam in sich zusammen. Wild tobte der Sturm, tötete das ganze Volk der ʿĀd und vernichtete alle Lebewesen. Nur der Prophet Hud und seine Gefolgschaft wurden verschont. Sie reisten in ein anderes Tal, wo sie in Frieden lebten und Gott allein, den wahren Herrn, anbeteten.

5. DER EHRWÜRDIGE PROPHET SALIH UND DIE KAMELSTUTE

Nachdem das Volk der ʿĀd vernichtet worden war, folgte das Volk der Themūd. Wie die ʿĀd, so waren auch die Themūd sehr mächtig und ziemlich berühmt. Auch sie bauten wunderschöne Villen auf den weiten Feldern und meißelten prächtige Häuser in die nahe gelegenen felsigen Hügel. Sie waren sehr geschickt darin, aus Felsen Wohnungen auszuhauen. Für sie war jedes Felsenstück ein Gegenstand der Kunst. Sie wohnten inmitten von Gärten und Quellen und Kornfeldern sowie Dattelpalmen mit

Blütendolden.[17] Aber wie auch die ʿĀd vor ihnen hörten sie auf, Gott für all Seinen Segen zu danken, und entfernten sich von Ihm. Deshalb sandte Gott in Seiner Barmherzigkeit den Propheten Salih zu ihnen, um sie zu ermahnen. Der ehrwürdige Salih war auch einer aus dem Volk der Themūd. Alle wussten, dass er weise, aufrichtig und gut war. Er sagte ihnen, dass sie den Einen Gott anbeten und niemals vergessen sollten, Ihm dankbar zu sein. Innerhalb seines Volkes wurde Salih wegen seiner Weisheit und seines guten Charakters respektiert, sogar schon bevor er die Offenbarung Gottes erhielt. Die Herrscher der Themūd jedoch befürchteten, dass seine Anhängerschaft größer werden würde, auch wenn die meisten Menschen seiner Botschaft nicht folgten. „O Salih", sagten sie, „du warst früher ein Quell der Hoffnung für uns. Willst du uns nun verbieten, das anzubeten, was unsere Vorfahren schon immer anbeteten?"[18] Aber sie konnten ihn damit nicht von seinem Auftrag abbringen. Er warnte sie davor, dass Gott sie mit ihrer Macht und ihrem Reichtum testen könnte.

Dann forderte ihn der Anführer der Themūd heraus: „Gib uns ein Zeichen, wenn du uns die Wahr-

---

17. Koransure asch-Schuʿarā' 26:147–149.
18. Koransure Hūd 11:62.

heit sagst.“ Sie verlangten ein besonderes Zeichen. Sie verlangten von ihm, dass sein Gott aus dem berühmten Felsen „Kātibe“ eine schwangere Kamelstute hervorbringen soll, die kurz vor der Geburt steht. Salih fragte sie, ob sie an den Einen Schöpfer glauben würden, wenn Er eine schwangere Kamelstute aus diesem Felsen erschaffen würde. Weil viele von ihnen dies für unmöglich hielten, gaben sie ihm ganz leicht ihren Schwur. Daraufhin betete Salih zu Gott, und Gott gab ihm als Wunder eine riesige Kamelstute. Die Menschen staunten und schrien vor Verwunderung. Salih sagte: „So glaubt nun an den Einen, Wahren Gott und betet Ihn allein an. *„O mein Volk! Diese Kamelstute Gottes ist ein Zeichen für euch. So lasst sie ungehindert auf Gottes Erde weiden, und fügt ihr nichts Böses zu, damit euch nicht eine bevorstehende Strafe erfasst.“*[19] Gott sagte dem Propheten Salih, dass das Kamel und die Menschen das Wasser der Oase teilen müssten. Da die Kamelstute riesig groß und das Wasser knapp war, sollten an einem Tag die Kamelstute und an dem folgenden Tag die Einwohner der Stadt aus dem Brunnen trinken. An dem Tag, an dem sie nichts trinken konnten, tranken sie von der wohl-

19. Koransure Hūd 11:64.

schmeckenden Milch der Kamelstute. Eine Zeit lang weidete und trank das Kamel ungehindert. Aber die ganze Zeit stifteten die Götzendiener Unruhe. Heimlich trafen sie sich und schmiedeten Pläne, um die Kamelstute umzubringen. Es waren etwa neun führende Männer in der Gruppe, die zusammen im Hinterhalt lauerten. Plötzlich schossen sie Pfeile ab und dann überfielen sie das schöne, riesige Kamel, und das arme Tier verendete schrecklich. Der Prophet Salih warnte sie: *„Vergnügt euch in euren Wohnstätten noch weitere drei Tage (dann wird euer Untergang kommen). Dies ist eine Drohung, die sich nicht als falsch erweisen wird.“*[20] Frech lachten sie den Propheten Salih aus. Statt Gott um Gnade zu bitten, planten sie noch am selben Abend, den Propheten Salih zu töten. Erneut hielten sie ein heimliches Treffen ab. Sie schworen einander, Salih und seine Familie nachts bei einem geheimen Überfall zu töten. Noch bevor sie ihn töten konnten, verließ Salih zusammen mit seiner Familie und den restlichen Gläubigen in der Nacht die Stadt. Vor seiner Abreise rief er noch traurig: „Mein Volk, ihr liebt die Menschen nicht, die euch gute Ratschläge geben.“ Dann, drei

20. Koransure Hūd 11:65.

Tage nachdem sie das Kamel umgebracht hatten, kam ihr Ende. Riesige Blitze schlugen in der Stadt ein und töteten die Menschen, zerstörten das ganze Getreide und setzten alle Büsche und Bäume auf den Feldern in Brand. Die Erde stöhnte laut auf und mächtige Erdbeben erschütterten Boden, Hügel und Berge, sodass ihre prachtvollen Steinbauten einstürzten. Die Menschen wurden unter den Trümmern verschüttet und sie alle starben. Ihr Heimatland war nur noch ein einziger, großer Trümmerhaufen.

6. DER EHRWÜRDIGE PROPHET ABRAHAM DER SEELENFREUND GOTTES (KHALILULLAH)

Der Prophet Abraham erblickte als Sohn einer babylonischen Familie das Licht der Welt. Sein Vater verdiente seinen Lebensunterhalt, indem er hölzerne Götzen schnitzte, um sie später den Götzendienern zu verkaufen. Eines Tages fragte Abraham seinen Vater: „Was sind das für Bildnisse, die du und das Volk anbetet?“ „Das sind unsere Götter. Unsere Väter haben sie bereits verehrt, und wir tun es ihnen gleich“[21], antwortete er. Obwohl Abraham damals noch sehr jung war, hatte Gott ihm Weisheit und

21. Koransure el-Enbiyā’ 21:52–53.

Vernunft gegeben, weshalb er sich mit dem Gedanken nicht anfreunden konnte, dass Gott ein lebloser Gegenstand sei, der weder sehen noch hören konnte. So sagte er: „Dann haben deine Vorfahren einen großen Fehler begangen, den du nun auch tust."[22]

Obwohl Abraham den Götzendienst und die Götzen entschieden ablehnte, bat ihn sein Vater eines Tages darum, einige dieser Statuen auf dem Markt zu verkaufen. Da er seinem Vater gehorsam war, widersprach er ihm nicht und ging mit den Götzen auf den Marktplatz. Jedoch riet er den Menschen davon ab, diese Götzenbilder zu kaufen, da sie keinen Nutzen davon hätten. So kehrte er nach Hause zurück, ohne auch nur eine dieser Figuren verkauft zu haben. Wütend rief sein Vater: *„Hast du dich etwa von meinen Göttern abgewandt, o Abraham?"*[23] Freundlich erklärte er ihm, dass es falsch sei Götzenbilder anzubeten, und dass alle Menschen den Einen, Wahren Gott anbeten sollen. Doch sein Vater war stur und bat seinen Sohn, das Haus zu verlassen. Abrahams Herz war voll von Glauben und so antwortete er: *„Friede sei mit dir!*

---

22. Koransure el-Enbiyā' 21:54.
23. Koransure Maryam 19:46.

Ich werde meinen Herrn bitten, dir zu vergeben. Er ist fürwahr stets gnädig gegen mich gewesen.“[24]

Nun zog sich Abraham in die Wüste zurück und bat Gott: *„Mein Herr, lass mich sehen, wie Du die Toten wieder zum Leben bringst!“* Gott stellte ihm eine Frage: *„Warum, glaubst du denn nicht?“* Abraham antwortete: „Natürlich glaube ich an Dich. Ich bitte Dich nur, es mir zu zeigen, *um mein Herz zu beruhigen.“*[25] Dann befahl Gott ihm, vier Vögel so zu dressieren, dass sie immer wieder zu ihm zurückkämen. Danach sollte er die Vögel in Stücke schneiden, die Teile auf verschiedene Berge verteilen und schließlich nach ihnen rufen. Als Abraham sie zu sich rief, kamen die Vögel zu ihm zurückgeflogen. Ein Wunder! Ihre Körper waren unverletzt. Erneut sah er die Macht Gottes und er erkannte, dass Gott allein durch den Befehl „Sei!“ erschaffen kann, was er will.

Nun forderte Gott Abraham auf, zu seinem Volk zurückzukehren. Voller Mut ging er zu ihnen zurück. Als er ankam, wurde ihm gesagt, dass die Menschen am Ufer des Tigris ein Fest feiern. Er hatte ihre Götzendienerei satt. Endlich könnte er ihnen ihre Fehler vor Augen halten.

---

24. Koransure Maryam 19:47.
25. Koransure Baqara 2:260.

Die Stadt war wie leergefegt, und so begab er sich zum Tempel, wo die Götzenfiguren aufgestellt waren. Voll mit den kostbarsten Juwelen, bekleidet mit den teuersten Gewändern und umgeben von frisch duftenden Köstlichkeiten standen dort die Skulpturen. „Von diesen ganzen Sachen haben die Götzen doch gar nichts. Weder können sie ihre Schönheit und die strahlenden Farben bewundern, noch können sie die Süße dieser Speisen schmecken. Wie dumm doch diese Menschen sind", dachte er. So nahm er eine Axt in die Hand, schlug immer wieder auf die Figuren ein, bis sie in viele Stücke zersprangen. Den größten Götzen aber rührte er nicht an. Er wickelte eine Leine um die Axt und hängte sie der Holzskulptur um den Hals. Als die Priester ihr Heiligtum betraten, waren sie fassungslos und wollten wissen, wer ihren Göttern das angetan hatte. Nun stürmten auch die anderen Menschen hinein und sahen voller Entsetzen, was passiert war.

Sofort erinnerte sich der Hohepriester daran, dass Abraham sich respektlos gegenüber den Götzen verhalten hatte. Deshalb wurde Abraham vor den Herrscher geladen. Der König hieß Nimrod. Voller Wut fragte er: *„Abraham, bist du es, der* *unseren Gottheiten dies angetan hat?"*[26] Abraham antwortete: *„Bewahre, (irgendein Täter) muss es getan haben – dieser da ist der Größte von ihnen. Fragt sie doch, wenn sie fähig sind zu sprechen!"*[27] So lenkte Abraham ihre Aufmerksamkeit auf den größten Götzen. Erstaunt schauten sich alle gegenseitig an. Zum allerersten Mal erkannten sie, was eigentlich längst schon offensichtlich gewesen war: Die Götzenbilder konnten weder sprechen noch konnten sie sich selbst beschützen. Sie waren in Wirklichkeit also gar keine wahren Götter. Sie waren nur ein Stück Holz oder Stein – nicht mehr und nicht weniger. Der Hohepriester versuchte sich zu beherrschen und sagte zu Abraham: *„Du weißt sehr wohl, dass diese (Standbilder) nicht sprechen können."*[28] Diese Wahrheit ließ Abrahams Gesicht aufblitzen und er entgegnete ihm: „Werdet ihr nun weiter stille Steine anbeten oder aber Gott, der euch auf eure Gebete antwortet?" Er appellierte an ihre Vernunft, doch sie wollten dieses deutliche Zeichen einfach nicht wahrhaben. So entschieden sie, Abraham lebendig zu verbrennen.

Während alle Brennholz sammelten, wurde Ab-

---

26. Koransure el-Enbiyā' 21:62.
27. Koransure el-Enbiyā' 21:63.
28. Koransure el-Enbiyā' 21:65.

raham gefangen genommen. Da er einen starken Glauben und großes Gottvertrauen hatte, fühlte er sich sicher, war ruhig und hatte keine Angst. Als er ins Feuer geworfen wurde, umarmte ihn der Erzengel Gabriel und fragte ihn: „Brauchst du irgendetwas?“ Abraham antwortete: „Ich brauche nur Gott, denn Er ist mir näher als meine Halsschlagader.“ Gott befahl dem Feuer: *„O Feuer, sei kühl und friedfertig gegen Abraham!“*[29] Inmitten des Feuers blieb der Prophet ruhig. Nicht einmal seine Kleider verbrannten. Die Menschen um ihn herum waren schockiert. Schockiert war auch Nimrod. Er wollte Abraham und seine Gefolgschaft vernichten. Gott aber schickte eine Schar von Fliegen zu Nimrod und sie fraßen das Fleisch vieler Soldaten, und eine Fliege gelangte über die Nase von Nimrod in sein Hirn. Diese eine Fliege verursachte den Tod von Nimrod.

Als Abraham jedoch erkannte, dass sein Volk seinem Ruf nicht folgte, entschied er sich, mit einer kleinen Gefolgschaft auszuwandern. So ließ er sein Volk zurück und reiste an andere Orte. Er reiste nach Harran und dann kam er nach Ägypten. Von Ägypten ging er nach Palästina in die Stadt Kanaan.

---

29. Koransure el-Enbiyā' 21:69.

Unterwegs traf er eine Gruppe von Menschen, die Planeten und Sterne anbeteten. Er war der Überzeugung, dass es seine Pflicht wäre, diesen Menschen den rechten Weg zu weisen. Er zeigte auf die Sterne und sagte: *„Das ist mein Herr, (nicht wahr)?“* Doch als sie untergingen und man sie nicht mehr sehen konnte, sagte er: *„Ich liebe nicht die, die untergehen.“ Und als er (in einer anderen Nacht) den Vollmond in all seiner Pracht aufgehen sah, sagte er: „Das ist mein Herr (nicht wahr)?“ Doch als er unterging, sagte er: „Wenn mein Herr mich nicht rechtleitet, werde ich gewiss einer von jenen sein, die irregehen.“ Dann, als er die Sonne in all ihrer Pracht aufgehen sah, sagte er: „Das ist mein Herr (nicht wahr)? Das ist das Größte von allen!“ Doch als sie unterging, sagte er: „O mein Volk! Ich habe nichts zu schaffen mit eurer Beigesellung von Teilhabern zu Gott und mit dem, was immer ihr Ihm als Teilhaber zur Seite stellt.“*[30]

Abraham hatte die Ehre, zum Seelenfreund Gottes erwählt zu werden. Viele Nationen stammen von ihm und seinen Söhnen Ismael und Isaak ab. Sein ganzes Leben lang rief er die Menschen auf, an den Einen und Einzigen Gott zu glauben. Ab-

30. Koransure el-Enʿām 6:76–78.

raham baute die Kaaba erneut und rief alle Menschen zur Pilgerfahrt nach Mekka auf. Er ließ sich in Kanaan, zwischen Babylon und Ägypten, nieder und erwies Reisenden, die zwischen den beiden Reichen verkehrten, häufig Gastfreundschaft. Außerdem schlichtete er Streit, half den Menschen ehrlich und anständig zu leben, und erklärte ihnen die Wahrheit über Gott.

7. DER EHRWÜRDIGE PROPHET LOT UND DIE MENSCHEN AUS SODOM

EINST LEBTE IN EINER STADT NAMENS SOdom ein Volk, das wie kein anderes zuvor sündigte. Diese schlechten Menschen raubten die Reisenden aus und töteten sie. Ohne dabei irgendeine Scham zu empfinden, verübten sie in der Öffentlichkeit allerlei schlechte Dinge. So war es nicht verwunderlich, dass die Männer aus diesem Volk nicht Frauen, sondern Männer liebten.

Lot war ein Zeitgenosse und Verwandter Abrahams, der an ihn glaubte. Er begleitete Abraham nach Kanaan, und Jahre später verabschiedete er sich von Abraham und zog nach Sodom, um das

Volk zu warnen und ihm die frohe Botschaft zu bringen. Als Prophet erzählte er den Menschen vom Einen Wahren Gott und erinnerte sie daran, Ihm für all das Gute dankbar zu sein. Doch mit jedem neuen Tag wurden ihre Taten schlimmer. Trotzdem war Lot geduldig und warnte sein Volk viele Jahre lang, ohne jedoch auch nur einen Menschen zu überzeugen. Er sagte: *„Wollt ihr fortfahren, zu Männern zu kommen, auf der Straße aufzulauern und Ungehöriges in euren Zusammenkünften zu begehen?"* Die Erwiderung seines Volkes war nur, dass sie sagten: *„Bring die Strafe Gottes auf uns herab, mit der du uns drohst, wenn du wahrhaft bist!"*[31] Lot konnte diese Bosheit nicht länger ertragen und so bat er Gott, das Volk von Sodom für seine Sünden zu bestrafen. Und da Gott die Wünsche seiner demütigen Diener erhört, wurde auch diese Bitte angenommen.

Als Lots Tochter eines Tages frisches Wasser von einem Fluss außerhalb der Stadtmauern holen wollte, begegnete sie drei großen und starken Männern, die sich bei ihr nach ihrem Vater erkundigten. Das Mädchen bat die Männer, am Stadttor auf sie zu warten. Schnell eilte sie zu ihrem Vater und ließ das Gefäß mit dem Wasser zurück. „Vater",

31. Koransure el-Ankabūt 29:29.

sagte sie, „es warten drei Fremde am Stadttor auf dich. Ich habe niemals zuvor so gutaussehende Männer gesehen, deshalb habe ich Angst um sie." Lot hatte ein schlechtes Gefühl bei der Sache. Er machte sich sofort auf den Weg zu den Männern, bevor die anderen davon Wind bekämen, und sagte zu ihnen: „Friede sei mit euch! Seid ihr zu Besuch hier oder wollt ihr bald weiterreisen?" „Wir sind in dieser Stadt, um einen wichtigen Auftrag auszuführen", sagten sie.

Lot machte sich große Sorgen um seine Gäste und er warnte sie vor seinem Volk, indem er sagte: „Ich bin in meinem ganzen Leben noch keinem Menschen begegnet, der so schlecht ist wie die in dieser Stadt. Ihr müsst euch in Acht nehmen vor ihnen!" Dann führte er sie unerkannt durch die Stadt in sein Haus.

Doch die Nachricht über den Besuch hatte sich bereits wie ein Lauffeuer in der Stadt verbreitet, und alle wollten einen Blick auf die jungen Männer erhaschen. Schon kurze Zeit später war Lots Haus umzingelt von einer Menschenmenge. Die Männer drängten ins Haus, um die gutaussehenden Fremdlinge zu beäugen. Lot flehte die Männer an, seine Gäste in Ruhe zu lassen, und versuchte sie von Gottes Regeln zu überzeugen. Er rief ihnen zu: „Wollt ihr es denn nicht verstehen? Gott hat vorgesehen, dass Männer Frauen heiraten und umgekehrt. Dies sind meine Gäste, so tut mir keine Schande an!“

Doch der gewalttätige Mob rannte die Tür ein, und Lot konnte nichts dagegen tun. Die drei Engel standen jetzt direkt vor der Meute. Dann gab der Engel Gabriel ein Zeichen und die Menschen, die Schlechtes beabsichtigten, wurden alle blind. Erschrocken und voller Angst liefen sie fürchterlich schreiend aus dem Haus. Nun wandten sich die Engel an den Propheten Lot. Sie rieten ihm, noch vor dem Morgengrauen einige seiner Sachen zu packen und mit seiner Familie schleunigst die Stadt zu verlassen, ohne auch nur einen Blick zurückzuwerfen. Wenn sie es dennoch wagen sollten zurückzublicken, würden sie die gleiche Strafe erleiden. Hastig verließen Lot und seine Familie das Haus, so wie es die Engel befohlen hatten.

Bei Sonnenaufgang kam ein schreckenerregender und ohrenbetäubender Lärm auf, so als ob etwas in der Luft explodierte. Der Boden unter ihren Füssen krümmte sich und bäumte sich wie ein wildes Tier auf. Straßen wurden zerstört und Gebäude fielen in sich zusammen. Es herrschte Chaos. Plötzlich regnete es schwere, heiße Steine vom Himmel auf die fliehenden Menschen herab.

In der Zwischenzeit verließen Lot und seine Familie die Stadt, ohne sich dabei umzudrehen. Doch seine Frau gehörte auch zu den Ungehorsamen, und sie starb dort, wie alle anderen Sünder auch. Heute befindet sich an dem Ort, an dem damals die Stadt Sodom war, ein See, dessen Wasser salziger als das aller anderen Seen ist. Er wird „Totes Meer“ genannt, weil in diesem salzigen Wasser keine Fische leben können.

8. DER EHRWÜRDIGE PROPHET ISMAEL UND DAS OPFER

Viele Jahre waren vergangen und Abrahams Haare waren schon ganz grau. Seine Frau Sarah war schon zu alt, um Nachwuchs zu bekommen. Sie fühlte sich einsam so ganz ohne Kinder. Deshalb schlug sie Abraham vor, er solle auch ihre junge Bedienstete Hagar heiraten, die ihnen von einem Tyrannen während ihrer Zuflucht in Ägypten als Geschenk gegeben wurde. Nach der Hochzeit betete Abraham zu Gott, ihnen einen Sohn zu schenken. Gott segnete sie, und Hagar gebar Abrahams ersten Sohn, den er Ismael nannte.

Eines Tages gebot Gott, der Allweise, mit seiner

unübertrefflichen Weisheit Abraham, seine Frau Hagar und Ismael in die Wüste zu führen und sie dort zurückzulassen. Nach einer Weile wurden Mutter und Kind in der sengenden Hitze der Wüste durstig. So rannte Hagar zwischen zwei Hügeln hin und her in der Hoffnung, einer vorbeiziehenden Karawane zu begegnen. Wie durch ein Wunder öffnete sich plötzlich eine Quelle direkt unter Ismaels Füßen, die bis heute „Zemzem" genannt wird.

Als Ismael älter geworden war, hatte Abraham einen Traum, in dem Gott ihm befahl, seinen Sohn zu opfern. Und obwohl er Ismael sehr liebte, musste er Gottes Anordnung befolgen. Schließlich entschloss er sich, mit seinem Jungen darüber zu sprechen. Er sagte: *„O mein lieber Sohn, ich habe im Traum gesehen, dass ich dich als Opfer darbringen soll. Denke also darüber nach und sage mir, was du dazu meinst!" Er sagte (ohne zu zögern): „O mein lieber Vater! Tue das, was dir geboten wurde. Du sollst mich, so Gott will, als einen vorfinden, der standhaft Geduld an den Tag legt."*[32]

Also entschieden sich beide, dem Traum, der von Gott kam, zu gehorchen. Ohne Ismaels Mutter auch nur ein Wort davon zu sagen, gingen beide

32. Koransure as-Sāffāt 37:102.

zu dem Platz, der für die Opferung vorgesehen war. Auf dem Weg dorthin versuchte Satan Ismael dazu zu bewegen, seinem Vater nicht zu gehorchen. Satan hatte sich als alter Mann verkleidet und redete Ismael ein, er solle wegrennen, anstatt getötet zu werden. Diese Reden ließen Ismael jedoch kalt. Nichts konnte ihn davon abbringen, Gott und Seinem Gesandten zu gehorchen. Ohne lange zu überlegen, nahm er einige Steine und warf sie mit voller Wucht auf Satan. Aber Satan gab nicht kampflos auf. Er versuchte noch zwei weitere Male, Abraham und Ismael zu verleiten. Doch jedes Mal schleuderten sie spitze Steine auf Satan, der letztendlich wegrennen musste.

Als sie an besagter Stelle angekommen waren, wollte Abraham den Tod seines erstgeborenen Sohnes nicht mitansehen. Deshalb legte er Ismael mit der Stirn auf den Boden und holte mit dem Messer aus. Genau in dem Moment, als das Messer den Nacken seines Sohnes berührte, rief Gott ihm zu: *„O Abraham! Du hast bereits das Traumgesicht erfüllt (mit dem dein treuer Gehorsam dem Befehl gegenüber auf die Probe gestellt werden sollte; darum brauchst du deinen Sohn nicht mehr als Opfer dar-*

bringen). So belohnen Wir diejenigen, die bestrebt sind, Gutes zu tun, als ob sie Gott sehen könnten.“[33]

Ismael war nichts passiert und er stand wohlauf neben seinem Vater, der Gott gegenüber seinen Gehorsam bewiesen hatte. Nun sollte er anstelle von Ismael einen Schafbock schlachten, den Gott gesandt hatte. Das Ganze war nur eine Glaubensprobe.

Als erwachsener Mann lebte Ismael mit seiner Frau und seiner Mutter in Mekka. Eines Tages ließ Abraham seine Frau Sarah zu Hause zurück und machte sich auf den Weg nach Mekka.

Dort traf er seinen Sohn, der an der Zemzem-Quelle saß. Er war gerade dabei, seine Pfeile zu spitzen, als der Prophet Abraham ihn begrüßte und sagte: „Ismael, Gott hat mich beauftragt, ein Haus für Ihn zu bauen.“ Ismael erwiderte: „Dann musst du den Befehl Gottes, deines Herrn, befolgen, Vater.“ „Gott hat dir befohlen, mir dabei zu helfen“, fügte Abraham hinzu. Sein gehorsamer Sohn Ismael erklärte sich sofort dazu bereit.

Nun machten sie sich ans Werk und begannen mit der Errichtung der Kaaba. Gemeinsam sammelten sie Steine, die Ismael seinem Vater reich-

33. Koransure as-Sāffāt 37:104 –105.

te, welcher dann einen nach dem anderen an die richtige Stelle setzte. Während sie die Mauern in die Höhe zogen, beteten sie unaufhörlich: *„Unser Herr, nimm (dieses Werk) von uns entgegen. Denn wahrhaftig, Du bist der Hörende, der Wissende."*[34] Die Wände waren nun so hoch, dass der Prophet Abraham vom Boden aus die oberste Reihe nicht mehr erreichen konnte, um Backsteine draufzusetzen. Damit sie die Arbeit fortsetzen konnten, stellte sich Abraham auf einen großen Steinblock, und Ismael reichte ihm weitere Steine. Sobald sie eine Seite zugemauert hatten, schoben sie den Steinblock zur nächsten Seite und machten so mit der Arbeit weiter. Auf diese Weise wurde das Haus Gottes, die Kaaba, von den Propheten Abraham und Ismael zusammen erbaut.

34. Koransure el-Baqara 2:127.

9. DER EHRWÜRDIGE PROPHET ISAAK

ABRAHAMS SOHN,
DESSEN GEBURT VON DEN ENGELN
VERKÜNDET WURDE

DAMALS HATTEN DER PROPHET ABRAham und seine unfruchtbare Frau Sarah schon ein hohes Alter erreicht und so dachten sie, dass sie nun beide überhaupt nicht mehr im Stande sind, ein gemeinsames Kind zu zeugen. Doch dreizehn Jahre nachdem Abrahams zweite Frau Hagar ihren Sohn Ismael auf die Welt gebracht hatte, verkündeten ihm Engel, dass er auch von seiner bisher unfruchtbaren Frau Sarah einen Sohn bekommen würde. Und dieses Kind würde selbst auch Prophet und Vater eines weiteren Propheten werden. Als Sarah diese Botschaft hörte, lachte sie ungläubig: *„O wehe mir! Wie soll* *ich ein Kind austragen, nun da ich eine alte Frau bin, und dieser, mein Gatte, ist ein Greis? Das wäre eine gar merkwürdige Sache!"*

Die Engel sagten: „*Wunderst du dich über Gottes Entscheidung? Die Gnade Gottes und Sein Segen seien mit euch, o ihr Angehörigen des Hauses. Er ist fürwahr der hoch Gepriesene, Ruhmreiche.*"[35] Und da Gottes Wille geschieht, gebar Sarah daraufhin ihren ersten Sohn – Abrahams zweiten Sohn. Sie freuten sich sehr und nannten ihn Isaak, was so viel bedeutet wie „der, der seine Mutter zum Lachen gebracht hat". Denn „[...] *seine Frau Sarah stand dabei und lachte.*"[36]

Isaak war ein großzügiger *Mann*, der viel Gutes tat. Wie sein Vater und sein Bruder leitete er die Menschen zum rechten Weg, zum Glauben an den Einen, Wahren Gott. Von ihm stammen viele weitere Propheten ab, doch der wichtigste aller Propheten sollte ein Urenkel von seinem Bruder Ismael sein.

---

35. Koransure Hūd 11:72–73.
36. Koransure Hūd 11:71.

10. DER EHRWÜRDIGE PROPHET

JAKOB

DER WEISE VATER

DER PROPHET JAKOB HATTE ZWÖLF SÖHNE. Zwei davon waren von seiner zweiten Ehefrau. Josef, der erste von beiden, war auch ein Prophet Gottes. Er liebte seinen kleinen Bruder Benjamin sehr. Die Frau des Propheten war nach Benjamins Geburt gestorben, und Jakob machte sich oft Sorgen, weil er Angst hatte, seine zehn Söhne könnten Josef und seinem Bruder etwas antun.

Als sich Jakobs Leben dem Ende zuneigte, ließ er alle zwölf Söhne um sein Bett versammeln und sagte zu ihnen: *„O meine Söhne, Gott hat für euch die Religion erwählt. Deshalb achtet darauf, dass* *ihr nicht anders denn als Muslime sterbt (die einzig und allein Ihm ergeben sind).*" Und er fragte sie: *„Wem werdet ihr nach mir dienen?" Da antworteten sie: „Wir werden deinem Gott dienen und dem Gott deiner Väter, Abraham, Ismael und Isaak, einem einzigen Gott, und Ihm sind wir ergeben.*"[37] Sie stellten Gott niemals andere Götter zur Seite, was Jakob sehr erfreute.

37. Koransure el-Baqara 2:132–133.

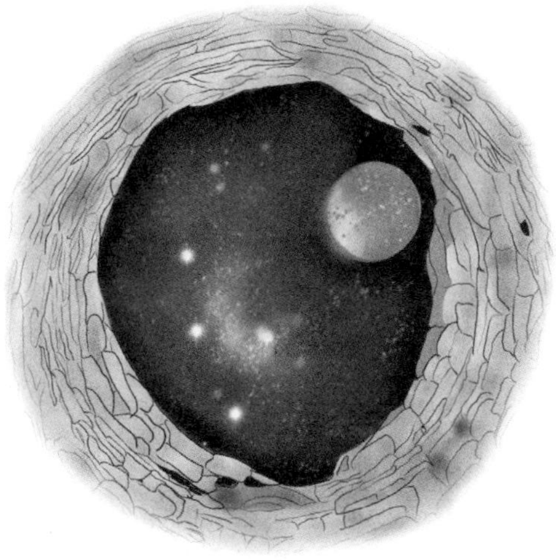

11. DER EHRWÜRDIGE PROPHET

JOSEF

DER TRAUMDEUTER

EINES TAGES, ER WAR NOCH EIN KLEINER Junge, sagte Josef zu seinem Vater: „O mein Vater! Ich habe im Traum elf Sterne gesehen sowie die Sonne und den Mond. Ich habe gesehen, wie sie sich vor mir niederwarfen." Der Prophet Jakob aber warnte ihn: *„O mein Sohn! Erzähle deinen Traum nicht deinen Brüdern, damit sie nicht aus Neid einen heimtückischen Plan gegen dich aushecken. Denn Satan ist den Menschen ein offenkundiger Feind."*[38]

Josef und sein Bruder Benjamin waren sehr res-

38. Koransure Yusuf 12:4-5.

pektvolle und freundliche Kinder, sie beide hatten dieselbe Mutter. Weil sie sich zu benehmen wussten und Gott liebten, brachte ihr Vater ihnen herzlichere Gefühle entgegen als ihren älteren Brüdern. Dies hatte jedoch zur Folge, dass seine anderen Söhne, die alle von einer anderen Frau stammten, eifersüchtig auf Josef waren und ihn loswerden wollten. Einer von ihnen schlug vor: „Werft ihn hinab in die Tiefe des Brunnens, damit eine Karawane ihn herausholen und mitnehmen kann."

Damit waren alle einverstanden, und so gingen sie zum Vater und fragten ihn, ob sie Josef zum Spielen mitnehmen durften. Widerwillig erlaubte er es ihnen. Benjamin, der Jüngste, aber blieb zu Hause. Am nächsten Morgen verließen die älteren Jungen zusammen mit Josef das Haus. Sie befahlen ihm, sein Hemd auszuziehen, ergriffen ihn plötzlich und schubsten ihn in einen Brunnen hinab. Josef weinte und flehte sie an, damit sie ihm wieder heraushelfen. Doch seine Brüder gingen einfach fort und ließen ihren kleinen Bruder verängstigt in der Grube zurück. Sie verschmierten sein Oberteil mit falschem Blut und liefen weinend zu ihrem Vater. Sie sagten: *„O unser Vater! Wir sind miteinander um die Wette gelaufen und haben Josef bei unseren Sachen zurückgelassen. Da hat ihn der*

Wolf verschlungen. Schau her, hier ist sein Hemd. Wir haben es blutverschmiert gefunden, doch Josef konnten wir leider nicht finden!"

Tief in seinem Herzen spürte der Prophet Jakob, dass sie logen, und brach in Tränen aus: *„O nein, eure Seelen haben euch dazu verführt, etwas Schlechtes zu tun. Deshalb (ist die für mich angemessene Verhaltensweise) würdevolle Geduld. Gott ist es, dessen Hilfe gesucht werden kann (in der Lage), die ihr beschrieben habt."*[39]

Währenddessen wartete Josef am Boden des Brunnens. Er betete zu Gott, weil er wusste, dass er hier auf die Probe gestellt werden sollte. Da offenbarte ihm Gott, dass er in Sicherheit war und keine Angst haben sollte. So ergab er sich gänzlich dem Willen seines Herrn.

Bald darauf kam eine Karawane von Händlern zu dem Brunnen. Als ihr Wasserträger seinen Eimer hineinwarf, ergriff Josef tief unten den Behälter und zerrte mit aller Kraft am Seil. Die Händler halfen ihm heraus und nahmen ihn mit sich, um ihn als Sklaven zu verkaufen. Sie verschleppten Josef nach Ägypten, weit weg von seiner geliebten Heimat Kanaan.

---

39. Koransure Yusuf 12:18.

Auf dem Sklavenmarkt wurde er vom obersten Minister des Landes gekauft. Zu seiner Frau sagte er: *„Gib ihm eine ehrenvolle, gute Unterkunft. Es mag sein, dass er sich als nützlich für uns erweist oder dass wir ihn als Sohn annehmen.“*[40]

Der Prophet fand sich in einer reichen, luxuriösen Villa wieder, und sein Besitzer erwies sich als angenehmer Mensch. Während er im Hause des Ministers aufwuchs, spiegelte sich die Reinheit seines Herzens langsam immer stärker in seinem Gesicht wider und prägte seine ganze äußere Erscheinung. Er entwickelte sich zu einem außergewöhnlich gutaussehenden jungen Mann. Daneben verlieh Gott ihm auch Kraft, Wissen und die Prophetenschaft in vollem Umfang.

Der Frau des Ministers blieben seine außerordentliche Schönheit und seine betörende Wesensart nicht verborgen, und sie verliebte sich in ihn.

Eines Tages konnte sie ihre Gefühle nicht länger zügeln und bat Josef, bei ihr zu bleiben. Der Prophet war schockiert. Aus Furcht vor Gottes Strafe rannte er zur Tür, um ihr zu entkommen. Sie lief ihm hinterher, da sie ihn aufhalten wollte, sie bekam sein Hemd von hinten zu fassen und

---

40. Koransure Yusuf 12:21.

zerriss es. Als Josef sich gerade noch aus der Tür werfen konnte, standen plötzlich ihr Mann und ein Verwandter davor. Voller Entsetzen schauten sie auf die seltsame Szene, die sich vor ihren Augen abspielte. Als sie sahen, dass das Hemd am Rücken zerrissen war, deuteten sie dies als ein klares Indiz dafür, dass die Schuld bei der Frau liegen musste. Der Minister war wütend, die Frau selbst verlegen und beschämt. Er forderte sie auf, ihren Sklaven um Verzeihung zu bitten. So entschuldigte sie sich bei ihm und Josef und ihr Mann vergaben ihr. Nichtsdestotrotz verbreiteten sich die Gerüchte in der Stadt wie Lauffeuer. Die Frau des Ministers war sehr unglücklich darüber, dass so schlecht über sie geredet wurde, deshalb schmiedete sie einen Plan. Sie lud all ihre Freundinnen zu einer Feier ein und wies ihre Dienstmädchen an, jeder einzelnen eine Frucht und ein Schälmesser zu bringen. Dann rief sie Josef herbei. Als die Frauen ihn sahen, schnappten sie nach Luft und starrten ihn an.

„Kein Mann kann so schön sein wie er“, staunten sie: „Vielleicht ist er ja ein edler Engel.“[41] Und während sie ihn verblüfft musterten, schnitten sie sich in die Hände, ohne es zu bemerken. Die Frau

41. Koransure Yusuf 12:31.

des Ministers stand auf und sagte: *„Ich leugne nicht, dass ich versucht habe, diesen Mann zu verführen. Ihr selbst wart verrückt nach ihm. Wenn er aber fortfährt zu verweigern, was ich ihm befehle, soll er gewiss eingekerkert werden!“*[42] Der Prophet Josef aber wies sie erneut ab und betete zu Gott, vor dieser Sünde bewahrt zu werden. Kurze Zeit später warf man ihn ins Gefängnis.

Josefs dritte Prüfung bestand darin, dass Gott ihn mit der Fähigkeit, Träume zu deuten, segnete. Eines Tages sagte der König des Landes zu seinen Höflingen: *„Ich sah im Traum sieben fette Kühe, die von sieben mageren verschlungen wurden, und sieben grüne Kornähren und andere (sieben) dürre. O ihr Würdenträger, gebt mir Auskunft über meinen Traum, wenn ihr Träume zu deuten versteht.“*[43] Doch keiner von ihnen konnte ihm sagen, was dieser Traum zu bedeuten hatte. Da erinnerte sich der Mundschenk des Herrschers, der vor langer Zeit mit dem Propheten eingekerkert gewesen war, dass Josef diese Gabe besaß. Er suchte ihn auf, um ihn zu dem Traum zu befragen. „Sieben Jahre lang werden die Bauern Ägyptens viel Getreide ernten. Wenn sie das Ackerland klug bebauen, so wird es

42. Koransure Yusuf 12:32.
43. Koransure Yusuf 12:43.

einen viel größeren Ertrag abwerfen, als die Menschen benötigen. Der Überschuss soll sieben Jahre lang gelagert werden. Denn nach den sieben fetten Jahren wird es sieben karge Jahre geben. In dieser Zeit sollen sich die Menschen von dem Gelagerten ernähren"[44], sagte Josef und riet ihnen, auch in der Dürreperiode nicht alles Korn aufzubrauchen, sondern einen Teil davon als Saatgut für den nächsten Frühling aufzubewahren: „Nach sieben Dürrejahren wird wiederum ein Jahr kommen, in dem reichlich Regen fließen wird. Wenn man das Wasser richtig nutzt, werden Weinreben und Olivenbäume in Fülle gedeihen und viele Trauben und Oliven reifen lassen."[45] Der König war verwundert und erfreut zugleich. Er ließ anordnen, Josef aus der Gefangenschaft zu entlassen. Doch jener lehnte es ab, zum Herrscher zu gehen, bevor es ihm nicht gelungen war, sich reinzuwaschen. Es war nicht seine Schuld gewesen, dass sich die Frauen in die Hände geschnitten hatten, und keineswegs hatte er die Frau des Ministers verführen wollen. Er wollte seine Unschuld vor Gericht klarstellen. Schließlich gestand die Frau, selbst die Initiative ergriffen zu haben.

44. Koransure Yusuf 12:47–48.
45. Koransure Yusuf 12:49.

Dann ordnete der König an: „Du bist ein kluger Mann und vertrauenswürdig. Deshalb möchte ich, dass du einer meiner Minister wirst."[46] Da bat ihn der Prophet um Folgendes: *„Eure Majestät, so übertragt mir denn die Aufsicht über die Getreidespeicher Ägyptens, denn ich weiß, wie wichtig sie sind und wie ich mit ihnen zu verfahren habe."*[47] Sieben Jahre lang stellte er sicher, dass die Lager von Jahr zu Jahr und von Ernte zu Ernte voller wurde. Als dann die Dürre über das Land hereinbrach, blieben die Erträge im ganzen Land aus und eine Hungersnot plagte Ägypten und die Nachbarländer. In dieser Lage empfahl Josef dem König, nicht nur die Versorgung seiner eigenen Untertaten sicherzustellen, sondern auch überschüssiges Getreide zu einem fairen Preis an die Nachbarn zu verkaufen. Jener willigte ein, und die gute Nachricht verbreitete sich blitzschnell in der ganzen Region.

Nun sandte auch der Prophet Jakob zehn seiner Söhne, ausgenommen Benjamin, nach Ägypten, um Korn zu kaufen. Als sie den zuständigen Minister aufsuchten, erkannten sie in ihm nicht ihren eigenen Bruder – ganz im Gegensatz zu Josef, der die Situation sofort erfasste. Er war sehr zuvor-

46. Vgl. Koransure Yusuf 12:54.
47. Vgl. Koransure Yusuf 12:55.

kommend und gastfreundlich zu ihnen und teilte ihnen eine ganze Kamelladung Korn zu, von der ihre Familie mehrere Monate lang leben konnte. Dann sagte er: „*Wenn ihr das nächste Mal kommt, bringt euren jüngeren Bruder mit, und ich werde euch doppelt so viel geben.*“[48] Auch steckte er ihnen heimlich ihr Geld wieder in die Tasche, um sicherzustellen, dass sie beim nächsten Mal auch wirklich ihren Bruder mitbrächten.

Sie kehrten nach Kanaan zurück, und noch bevor sie ihre Kamele abluden, eilten sie zu ihrem Vater und baten ihn, Benjamin das nächste Mal mit ihnen nach Ägypten zu schicken. Das Verschwinden Josefs hatte er aber noch vor Augen, und deswegen lehnte er aber zunächst ab. Nach dem Abladen bemerkten sie voller Erstaunen, dass sich das Geld, das sie gezahlt hatten, immer noch in der Tasche befand. Sie zählten nach, doch jeder Irrtum war ausgeschlossen. Sie zeigten ihrem Vater das Geld und drangen erneut auf ihn ein. Schließlich konnten sie ihn überzeugen, doch er bestand darauf, ihnen einen Schwur abzunehmen. Erst dann erlaubte er ihnen, Benjamin mitzunehmen. Als die Brüder in Ägypten ankamen, begrüßte Josef

48. Koransure Yusuf 12:59.

sie noch herzlicher als zuvor. Er veranstaltete ein Festessen für sie, bei dem Benjamin als Ehrengast neben ihm sitzen sollte. Als alle gesättigt waren und schlafen gingen, verriet er ihm: „Ich bin dein verloren geglaubter Bruder! Ich lebe noch und bin in Sicherheit. Deshalb sei nicht betrübt über das, was sie getan haben."[49] Er bat seinen Bruder, ihr gemeinsames Geheimnis noch eine Weile für sich zu behalten. Gott hatte sie nach all den langen Jahren wieder zusammengeführt. Als den Brüdern am nächsten Tag übergeben wurde, was sie verlangt hatten, beauftragte Josef einen seiner Männer damit, den goldenen Becher des Königs in Benjamins Satteltasche zu verstecken. An der Stadtpforte wurden ihre Taschen durchsucht, und Benjamin wurde wegen Diebstahls eingesperrt. Doch war dies ein Plan Josefs, um Benjamin bei sich zu behalten. Die Brüder befürchteten, dass ihr Vater ihnen niemals mehr vertrauen würde. So flehten sie ihn an: *„O du Erhabener!"* sagten sie. *„Er hat einen Vater, einen hoch betagten Mann, so nimm einen von uns an seiner Stelle. Wir sehen doch fürwahr, dass du einer von jenen bist, die bestrebt sind, selbstlos Gutes zu tun."*[50] Er sagte: *„Gott verhüte,*

49. Vgl. Koransure Yusuf 12:69.
50. Koransure Yusuf 12:78.

dass wir irgendjemand anderen nehmen als den, bei dem wir unser Eigentum gefunden haben; (würden wir anders handeln,) dann würden wir gewiss (ebenfalls) Unrecht tun."[51]

Der älteste Bruder aber wollte nicht mit ihnen zurückkehren, da er sich inzwischen vor seinem Vater schämte. Sie hatten denselben Fehler schon wieder begangen und ihr Versprechen nicht gehalten. So blieb er im Land, bis er den Segen seines Vaters bekommen würde. Er sagte: „*Wisst ihr denn nicht, dass euer Vater ein verbindliches Versprechen in Gottes Namen von euch entgegengenommen hat und wie ihr es schon davor bei Josef gebrochen habt? Nie werde ich dieses Land verlassen, es sei denn, mein Vater gestattet es mir oder Gott trifft eine Entscheidung für mich.*"[52]

Als die Brüder ihrem Vater zu Hause erzählten, was geschehen war, weinte der Prophet Jakob so sehr, dass er sein Augenlicht verlor. Er befahl ihnen, zurückzugehen und sich nach Josef und seinem Bruder zu erkundigen, denn er hat von Anfang an seinen Söhnen nicht geglaubt, was sie über Josef erzählt hatten.

Daraufhin gingen sie nach Ägypten zurück und

51. Koransure Yusuf 12:79.
52. Koransure Yusuf 12:80.

versuchten, sich über Josefs und Benjamins Lage zu erkundigen. Doch waren auch sie in Not geraten, hatten kaum noch Korn und andere Nahrungsmittel, und auch ihr Geld war knapp geworden.

Zurück in Ägypten baten sie Josef eindringlich: *„O du Erhabener! Unheil ist über uns und unsere Familie gekommen, und wir haben nur Handelsware von geringem Wert mitgebracht; doch gib uns volles Maß, und gewähre es uns als Almosen. Wahrlich, Gott belohnt diejenigen, die Almosen geben."*[53]

Und so eröffnete er ihnen: „Ich bin euer Bruder Josef!" Nachdem sie das vernommen hatten, zitterten sie vor Angst am ganzen Körper. Er aber beruhigte sie, indem er ihnen versicherte: „Ich vergebe euch hier und jetzt!" Da umarmten sie einander und vergossen Freudentränen. „Geht also mit meinem Hemd und legt es über das Gesicht meines Vaters, und er wird wieder sehen können; und dann kommt zu mir mit eurer ganzen Familie."

Als sie wieder zu Hause in Kanaan ankamen, erzählte ihnen die Frau des ältesten Bruders: „Euer Vater hat heute sein Zimmer verlassen und den ganzen Tag davon gesprochen, dass er Josef riechen könne. Wie seltsam!" Da legten sie Josefs

53. Koransure Yusuf 12:88.

Hemd auf das Gesicht ihres Vaters, und plötzlich konnte er wieder sehen. Sie berichteten ihm und weinten und baten ihn:

„Vater, o Vater, bitte Gott für unsere Sünden um Vergebung!“ Schließlich vergab auch Jakob ihnen, was sie Josef und ihm angetan hatten. Dann verließ die ganze Familie Kanaan und reiste nach Ägypten. Dort nahm der Prophet seine Eltern in seinem Haus auf. Er versammelte seine Familie um sich, und sie verneigten sich vor ihm. Er sagte: *„O mein Vater! Dies ist die Bedeutung meines Traumes, den ich vor langer Zeit hatte; mein Herr hat ihn wahr gemacht. Er ist fürwahr gnädig gegen mich gewesen: Er hat mich aus dem Kerker befreit, und Er hat euch alle aus der Wüste hierhergeführt, nachdem Satan zwischen mir und meinen Brüdern Zwietracht geschürt hatte. Wahrlich, mein Herr führt auf geheimnisvollste Weise das herbei, was Er will. Fürwahr, Er, ja, Er ist der Wissende, Weise.“*[54]

Als diese Freude seinen Höhepunkt erreichte, spürte der Prophet Josef, dass seine Aufgabe im Diesseits erledigt war und er nun zu seinem Schöpfer aufsah. Er entschied sich somit für die ewige, niemals endende Freundschaft.

54. Koransure Yusuf 12:100.

12. DER EHRWÜRDIGE PROPHET

HIOB

DER PROPHET,
DER GEDULDIG AUSHARRTE

HIOB WAR IN DER SYRISCHEN STADT HAwran el-Awamid südlich von Syrien und nördlich von Jordanien, zu Hause. Gott hatte ihn sehr gesegnet: Er hatte ihm viele Kinder, große Schafherden und riesige Flächen Land geschenkt. Hiob war ein wohlhabender und zugleich großzügiger Mann, der von den Menschen sehr geschätzt wurde. Sein Leben lang versuchte er so zu leben, dass es Gott gefällt. Er lehrte seine Familie und seine Gemeinde, den Einen, Wahren Gott anzubeten. Und er half den Bedürftigen, Schwachen und Armen, gab den Waisen Obdach, und betete Gott aufrichtig an.

Das Leben ist eine Prüfung, und unsere innere

Einstellung zu bestimmten Dingen und auch unser Verhalten in gewissen Situationen entscheiden, ob und wie wir diesen Test bestehen. Doch eines ist sicher: Gott der Allmächtige wird Seine geduldigen, aufrichtigen Diener belohnen. So musste auch Hiob eine schwere Glaubensprüfung durchmachen. Er verlor sein gesamtes Vermögen, wurde bettelarm, und auch seine Kinder starben, sodass er nur noch seine Frau an seiner Seite hatte. Außerdem bekam er eine schreckliche Krankheit.

Trotz all dieser Katastrophen war Hiob davon überzeugt, dass alles, was Gott von ihm genommen hatte, sowieso Gott gehörte. Gott gibt und nimmt, wie Er es für richtig hält. „Ich habe kein Recht, mich darüber zu beschweren", dachte Hiob.

Obwohl der Prophet Hiob sehr stark unter seiner Erkrankung litt, ertrug er die Schmerzen tapfer, ohne sich zu beklagen oder seinen Glauben zu verlieren. Unaufhörlich betete er zu Gott mit der Hoffnung auf Seine Gnade. Während seiner langen Krankheit hörten selbst seine engsten Verwandten auf, ihn zu besuchen, und nur seine liebevolle und treue Ehefrau wich ihm nicht von der Seite.

Doch irgendwann kam sie an einen Punkt, an dem sie wirklich erschöpft und unglücklich war. Nun dachte sie zurück an die alten Tage, als sie einen großen Bauernhof mit vielen Tieren und ein schönes großes Haus voller wunderbarer, munterer Kinder hatten. Sie rechnete nicht damit, all dies irgendwann wieder zurückzubekommen. Eines Tages konnte sie das Leid und all den Verlust nicht mehr ertragen. Sie brach in Tränen aus, verlor die Beherrschung und sagte in einem bitteren Ton zu ihrem Mann: „Wie lange willst du diese Prüfung von Gott, deinem Herrn, noch erdulden? Warum bittest du Ihn nicht, dich von all dem Leid zu erlösen?"

Er antwortete: „Ich war länger gesund und wohlhabend, als ich jetzt leiden muss. Ich bin Gott dankbar. Doch ich befürchte, dass dein Glaube schwächer geworden ist, meine liebe Frau, und du deshalb über das jammerst, was dir Gott gegeben hat. Nun geh bitte. Ich möchte deine Hilfe nicht mehr. Was Gott für mich vorgesehen hat, wird Er auch tun."

Die Krankheit wurde immer schlimmer, und als sein Herz und seine Zunge davon betroffen wurden, befürchtete er, Gott nicht mehr richtig anbeten zu können. In seiner Verzweiflung wandte sich der Prophet Hiob an Gott und bat Ihn um Gnade, ohne sich jedoch über irgendetwas zu beklagen. *Er rief seinen Herrn an, indem er sagte: „Wahrlich, Unheil hat mich heimgesucht (sodass ich Dich nicht mehr so anbeten kann, wie ich sollte); und Du bist der Barmherzigste unter den Barmherzigen.“*[55]

Gott antwortete seinem Ruf: *„Stampfe kräftig mit deinem Fuß auf: Es wird dort kühles Wasser zum Waschen und Trinken sein.“*[56] Der Prophet tat, wie ihm befohlen worden war, stampfte mit seinem Fuß auf den Boden, und ein Wasserstrahl schoss heraus. Er wusch sich in diesem Wasser und sein gesamter Körper wurde geheilt. Nun sah er wieder aus wie ein junger Mann.

Seine liebevolle, treue Ehefrau konnte es nicht länger ertragen, von ihm getrennt zu sein, und so kehrte sie zu ihm zurück, um sich bei ihm zu entschuldigen. Er hieß sie willkommen, und sie umarmte ihn und bedankte sich bei Gott für Seine Barmherzigkeit. Auch ihr gab Gott das Aussehen einer jungen Frau.

Von nun an war Segen Gottes wieder in Hiobs Leben. Seine Verwandten kamen zu ihm zurück, und die Zahl seiner Anhänger verdoppelte sich. Gott hatte wirklich einen geduldigen und standhaften Propheten in ihm gefunden. Was für ein vorzüglicher Diener Hiob doch war!

55. Koransure El-’Enbiyā’ 21:83.
56. Koransure Sād 38:42.

13. DER EHRWÜRDIGE PROPHET

SCHUAIB

DER GROSSE REDNER

Die Bewohner von Midian waren Araber, deren Land sich von Maan, das im heutigen Jordanien liegt, bis zum Golf von Akaba erstreckte. Sie waren vom rechten Weg abgeirrt und verehrten viele Götzen.

Gott wählte unter den Midianitern den Propheten Schuaib aus, damit er sie wieder auf den rechten Weg führte. Schuaib war ein großer Redner, der seine Rede mit schönen Worten und Ausdrücken schmückte. Deshalb nannte man ihn auch „Jethro". Wann immer er vor anderen sprach, genossen es die Menschen, ihm zuzuhören. Er schaffte es sogar, die Menschen zum Nachdenken zu bringen. Er sagte: *„O mein Volk! Betet Gott allein an: Ihr habt keine andere Gottheit als Ihn.“*[57] Sonst würden sie bestraft werden. Statt über seine Worte nachzudenken, haben die Führer dieser Stadt es den Menschen verboten, mit Schuaib zu reden und seinen Lehren zuzuhören. Sie befürchteten nämlich, dass seine Worte zu überzeugend sein könnten.

Sein Volk betete nicht nur falsche Götter an, sondern tat noch andere schlechte Dinge: Sie verlangten eine Art Steuer von Händlern, die durch ihr Gebiet zogen. Und wenn einige von ihnen es wagten, ihre Ware auf den Märkten des Landes anzubieten, wurden sie von den Kaufleuten Midians betrogen. Wenn die Fremden Getreide oder Edelmetalle wie Gold und Silber, kaufen oder verkaufen wollten, verstellten die Midianiter ihre Waagen zum eigenen Vorteil. So wurden diese fremden Händler betrogen und um einen fairen Preis gebracht. Und wenn die Midianiter fremden Kaufleuten Kleidung oder andere Produkte anbieten wollten, belogen sie sie über die Qualität der Waren und verschwiegen verdeckte Mängel. Sie hielten sie schlichtweg zum Narren.

Schuaib forderte sein Volk auf, niemanden mehr

57. Koransure el-A‘rāf 7:85.

zu betrügen und von den Reisenden keine ungerechtfertigten Steuern mehr einzuziehen. Auch sollten sie die Menschen nicht daran hindern, zu ihm zu kommen, um von ihm zu lernen. Wenn sie seinem Ratschlag folgen würden, versprach er ihnen, dass Gott ihren Handel segnen würde und sie dadurch sogar noch wohlhabender und erfolgreicher werden könnten. Er sagte: *„Und stiftet keine Unordnung und kein Unheil auf Erden, nachdem dort alles auf das Beste geordnet ist. Das ist (gewiss) am besten für euch, wenn ihr wahre Gläubige seid.“*[58]

Natürlich konnten sie ihm nicht glauben. Wie auch, wenn sie selbst ständig logen? Das Lügen war ihnen so in Fleisch und Blut übergegangen, dass sie sich ein Leben ohne Lügen gar nicht mehr vorstellen konnten und dachten, alle anderen Menschen seien auch Lügner wie sie. Wie dumm! Sie trauten niemandem mehr über den Weg, selbst dem Propheten Schuaib nicht, dem sie zuriefen: *„Du bist nichts weiter als ein gewöhnlicher Sterblicher wie wir, und wir sind zu der Überzeugung gekommen, dass du fürwahr ein Lügner bist. So lass doch Stücke vom Himmel auf uns herabfallen, wenn du wahrhaft bist in deiner Behauptung, ein Gesandter*

58. Koransure el-Aʿrāf 7:85.

zu sein." Schuaib sagte: *„Mein Herr weiß um alles, was ihr tut."*[59]

Nun drohten ihm auch die Anführer seines Volkes: *„Wir werden dich, o Schuaib, und diejenigen, die mit dir glauben, gewiss aus unserer Stadt verbannen, es sei denn, ihr kehrt zu unserem Weg (was Glauben und Leben angeht) zurück."*[60] Die Anführer hassten Schuaib. Sie fackelten nicht lange und warnten die Bewohner der Stadt davor, in die Nähe des Gesandten Gottes zu kommen oder ihm zu glauben. Eines Tages rissen sie alles, was dem Propheten Schuaib und seinen Anhängern gehörte, an sich und verbannten sie aus der Stadt. Schuaib betete zu Gott, dass Er drüber urteilen solle, wer von ihnen die Wahrheit gesagt hatte und wer nicht.

Plötzlich wurde es in Midian brütend heiß. Einige Midianiter suchten Schutz in ihren Häusern, andere gingen in die naheliegenden Berge in der Hoffnung, Abkühlung zu bekommen. Doch es änderte nichts. Dann zog auf einmal eine riesige, schwarze Wolke am Himmel auf. Die Menschen hofften, endlich Schatten vor der glühenden Sonne zu bekommen und erwarteten einen erfrischenden Regen. Doch dann kam alles ganz anders. Ein Don-

59. Koransure asch-Schuara 26:186–188.
60. Koransure el-Aʿrāf 7:88.

ner erfüllte die Stadt und die Erde begann heftig zu beben. Die dunkle Wolke spie brennende Steine, und jeder schnappte nach Luft. Am nächsten Morgen lagen alle tot mit dem Gesicht zu Boden, dort, wo sie in ihren Häusern hingefallen waren.

Schuaib und seine Anhänger befanden sich unverletzt und von Gott behütet außerhalb der Stadt. Der Prophet blickte zurück und sagte: „O mein Volk, ich habe euch die Botschaft meines Herrn übermittelt und ich habe euch guten Rat gegeben. Soll ich nun weinen um euch, oder traurig sein über ein Volk, das sich weigerte zu glauben?" Noch lange Zeit danach erinnerten die Ruinen der Stadt Reisende an die schlechten Taten der Midianiter.

14. DER EHRWÜRDIGE PROPHET MOSES UND DER PHARAO

DER PHARAO WAR EIN GRAUSAMER Herrscher in Ägypten. Er war gemein gegenüber den Enkeln Jakobs – man nennt sie auch „Kinder Israels“. Er zwang die Menschen dazu, nur ihm zu gehorchen, und falsche Götter, die er erfunden hatte, anzubeten. Sie haben sogar gedacht, der Pharao selbst sei ein Gott.

Eines Nachts hatte der Pharao einen Traum, in dem er ein Feuer sah, das aus Jerusalem, der Stadt, aus der die Kinder Israels stammen, kam. Alle Häuser der Ägypter wurden zerstört. Doch den Kindern Israels passierte nichts. Schweißgebadet und voller Angst erwachte der Pharao aus seinem

Traum. Sofort ließ er alle Priester und Zauberer zum königlichen Hof kommen und fragte sie nach der Bedeutung dieses Traums. Sie sagten: „Er bedeutet, dass eine Israelitin einen Jungen bekommen wird, der dich und das Königreich Ägypten vernichten wird." Deswegen befahl der Pharao, alle neugeborenen Jungen der Israeliten zu töten.

Zu dieser schrecklichen Zeit hatte eine Israelitin einen Sohn bekommen, den sie Moses nannte. Sie hatte bereits einen Sohn, der Aaron hieß. Während der Geburt von Moses gab sie keinen Ton von sich. Denn sie hatte große Angst. Was würde passieren, wenn irgendjemand ihn sehen oder sein Weinen hören würde? Doch Gott machte ihr Mut: *„Stille ihn (für eine gewisse Zeit, ohne um sein Leben besorgt zu sein); wenn du Grund hast, Angst um ihn zu haben, dann setze ihn auf dem Fluss aus, und sei nicht ängstlich oder traurig. Wir werden ihn dir ganz gewiss zurückgeben und ihn zu einem Unserer Gesandten machen."*[61] So schlich sie eines Nachts durch das Schilf am Fluss Nil, sprach ein Gebet, legte das Baby in eine Kiste, und schob sie vorsichtig auf den Fluss.

Die Kiste schwamm auf dem Fluss, bis sie in

61. Koransure el-Qasas 28:7.

einer Kurve stehen blieb. Ganz in der Nähe war auch der Palast des Pharaos. Seine Sklaven hörten das Babygeschrei und öffneten die Kiste, um zu schauen, was darin war. Sie wunderten sich sehr und brachten das Baby zum Pharao und seiner Frau. Als die Königin das süße Kind sah, erfüllte Gott ihr Herz mit Liebe und Fürsorge für den Kleinen. Sie war ganz anders als ihr Mann. Der Pharao war ein Götzendiener, aber sie glaubte nur an den Einen, Wahren Gott. Sie war traurig, weil sie sich sehr gewünscht hatte, einen eigenen Sohn zu haben. Aber sie konnte keine Kinder bekommen. Sie flehte ihren Mann an: „Lass mich das Baby behalten! Es soll unser Sohn werden." Der grausame König hatte seine Frau nie zuvor so glücklich gesehen, und er schämte sich, in ihrer Gegenwart die grausame Seite seines Charakters zu zeigen. So stimmte er ihrem Vorschlag zu und sagte: „Er ist ja nur ein kleiner Junge. Und ich denke, er wird mir nichts tun."

Die Königin ließ einige Frauen kommen, die das Baby für sie stillen sollten, doch das Baby wollte nicht. Die Königin bekam Angst und ließ weitere Ammen aus der Gegend zum Palast kommen.

Als die Mutter von Moses dies hörte, rannte sie sofort zum Palast. Sobald das Baby an ihre Brust kam, fing es an, so lange zu saugen, bis es glücklich in ihren warmen und liebevollen Armen einschlief. Ab jetzt war Moses Mutter auch seine Amme – doch niemand wusste das. Sie stillte ihn zwei Jahre lang. Und auch danach kümmerte sie sich weiter um ihn und besuchte ihn jeden Tag. So wuchs Moses als Prinz im Palast des Pharaos auf.

Viele Jahre vergingen und Moses wuchs zu einem gesunden und kräftigen jungen Mann heran. Gott wählte ihn als Prophet aus und erklärte ihm die wahre Religion. Er lebte weiter im Palast des Pharaos, obwohl der genau wusste, dass Moses an Gott glaubte und zu den Kindern Israels gehörte. Moses war freundlich und klug. Deshalb kamen viele zu ihm, wenn sie nicht mehr weiterwussten oder ungerecht behandelt wurden. Eines Tages lief er durch die Stadt und sah, wie sich zwei Männer stritten. Ein Ägypter schlug auf einen jüdischen Sklaven ein. Als der Sklave Moses sah, bat er ihn um Hilfe. Moses versetzte dem Ägypter einen solchen Schlag, dass der Mann sofort tot umfiel. Als Moses sah, dass er ungewollt einen Menschen umgebracht hatte, tat ihm das unendlich leid. Er flehte Gott an: *„Mein Herr! Ich habe mir fürwahr selbst Unrecht getan, so vergib Du mir."*[62]

Gleich am nächsten Tag sah er, wie derselbe Israelit mit einem anderen Ägypter diskutierte. Moses wurde wütend und sagte: „Du streitest dich immer und machst Ärger! Jeden Tag prügelst du dich mit anderen." Der Mann bekam Angst und schrie Moses an: „Was wirst du jetzt tun? Willst du mich auch töten, wie du den armen Mann gestern getötet hast?" Als der Ägypter das hörte, rannte er sofort zu den Leuten vom Pharao und erzählte ihnen, was er gehört hatte. Kurze Zeit später kam ein Freund, der auf der anderen Seite der Stadt lebte, auf Moses zugerannt. Er bat den Propheten dringend zu fliehen: „Moses, ich habe gehört, dass die Leute des Pharaos dich anklagen werden, denn wer einen Ägypter tötet, dem droht die Todesstrafe. Du musst Ägypten so schnell wie möglich verlassen."

Moses verließ sofort die Stadt. Er konnte nicht einmal Kleidung zum Wechseln mitnehmen. Nur mit Sandalen an den Füßen lief er acht Tage lang durch die Wüste in Richtung Midian, einem Land zwischen Syrien und Ägypten. Als er dort zu einer

---

62. Koransure el-Qasas 28:16.

Wasserstelle kam, sah er eine Gruppe von Schäfern und Schafen, die ihren Durst stillten. Ganz in der Nähe sah er auch zwei Frauen mit ihrer Herde. Er bot ihnen freundlicherweise an, ihre Schafe zu tränken. Danach trieben die beiden Schwestern ihre Herde nach Hause. Moses setzte sich jetzt unter den Schatten der Bäume. Er war ganz alleine und betete zu Gott: *„Mein Herr! Ich bedarf ganz gewiss dessen, was immer an Gutem Du zu mir herabschicken magst.“*[63]

Dann sah Moses, dass eines der beiden Mädchen zurückgekommen war und schüchtern darauf wartete, dass er sein Gebet beendete. Er begrüßte sie und sie sagte: *„Mein Vater lädt dich ein, damit er dich dafür belohne, dass du unsere Herde für uns getränkt hast.“*[64] So lief Moses mit ihr zu ihrem Haus, wo man ihn freundlich begrüßte. Er erzählte dem alten Mann, was in Ägypten geschehen war. Dieser sagte zu Moses: „Hab keine Angst! Es war gut, dass du diesen bösen Menschen entkommen bist.“ Dieser alte Mann war Schu‘aib, der Prophet von Midian.

Eines der beiden Mädchen schlug ihrem Vater Schu‘aib vor, dass Moses für ihn als Schäfer ar-

63. Koransure el-Qasas 28:24.
64. Koransure el-Qasas 28:25.

beiten könnte, da er stark war und einen guten Charakter hatte. Der Vater Schu'aib wollte aber wissen, wie sie sich da so sicher sein konnte, denn sie kannte ihn doch kaum. Sie antwortete: „Als ich sagte, er solle mir folgen, bat er mich, hinter ihm zu laufen, damit er meine Körperformen nicht sehen konnte." Also sagte der Vater zum Propheten Moses: „Wenn du mir versprichst, acht oder zehn Jahre für mich zu arbeiten, möchte ich dir eine meiner Töchter zur Frau geben." Moses war gerne damit einverstanden. So heiratete er die Tochter von Schu'aib und hütete zehn Jahre lang dessen Schafe.

Als die zehn Jahre vergangen waren, verließ Moses gemeinsam mit seiner Familie das Land Midian. Er wollte wieder nach Ägypten zurück. Deshalb reisten sie durch die Wüste, gingen am Berg Sinai vorbei und erreichten bei Anbruch der Nacht das Tal von Tuwa. In der Dunkelheit sah Moses in der Ferne ein Feuer brennen. Er sagte zu seiner Frau: „Ich werde dorthin laufen und einen brennenden Ast holen. Danach werde ich uns ein Lagerfeuer machen, damit wir es heute Nacht warm haben."

Als er näher an das Feuer herankam, hörte er eine kräftige Stimme: *„O Moses! Wahrlich, Ich bin es, Ich bin Gott, der Herr der Welten. Wirf deinen*

Stab nieder.“[65] Es war Gott! Der Prophet tat, was Gott ihm gesagt hatte, und zu seiner großen Verwunderung wurde der Stab zu einer Schlange. Gott sagte zu ihm: „*Habe keine Angst.* Heb die Schlange auf. Wir werden sie in ihren vorherigen Zustand zurückversetzen.“ Und dann sagte Er zu Moses: „*Stecke deine (rechte) Hand in (das Gewand über) deiner Brust: Sie wird blendend weiß hervorkommen, ohne das geringste Übel.*“[66]

Der Prophet gehorchte und alles geschah, wie Gott es gesagt hatte. Dann sprach Er erneut zu Moses: „*Dies sind zwei Beweise von deinem Herrn (‚die du) dem Pharao und seinen Würdenträgern (vorweisen kannst). Sie sind fürwahr frevelhafte Menschen,* die gegen all Meine Gesetze verstoßen haben.“ Moses hatte Angst, er könne verhaftet werden, und sagte: „*Mein Herr! Ich habe jemanden von ihnen erschlagen, deshalb fürchte ich, dass sie mich töten werden.*“[67] Gott versprach ihm, ihn zu beschützen und nahm ihm damit die Angst. Daraufhin betete Moses: „*O mein Herr! Weite mir die Brust. Erleichtere mir meine Aufgabe. Löse den Knoten von meiner Zunge (um mich fließender sprechen zu las-*

65. Koransure El-Qasas 28:30–31.
66. Koransure El-Qasas 28:31–32.
67. Koransure El-Qasas 28:32–33.

sen), Damit sie meine Rede deutlich verstehen. Gib mir einen Mitverantwortlichen (Helfer) aus meiner Familie; Aaron, meinen Bruder. Vermehre durch ihn meine Kraft, und lass ihn an meiner Aufgabe teilhaben, damit wir Dich gar sehr lobpreisen mögen.“[68] Gott sagte: *„Das, worum du bittest, ist bereits in Erfüllung gegangen, o Moses. Werdet nie müde, euch Meiner zu erinnern. Geht beide zu dem Pharao. Aber sprecht mit freundlichen Worten zu ihm, damit er vielleicht nachdenkt und sich ermahnen* lässt oder eine gewisse Furcht (vor Mir) empfindet. Und sagt dem Pharao, er soll die Kinder Israels freilassen.“[69]

Der Prophet Moses und sein Bruder Aaron gingen gemeinsam zum Pharao und überbrachten ihm diese Botschaft. Moses berichtete dem Pharao von Gott und Seiner Barmherzigkeit und erklärte, wie man Gott richtig anbetet. Der grausame König hörte zwar zu, hatte aber keinen Respekt vor Moses. Deswegen sagte der Pharao: „Was wollt ihr von mir?“ Der Gesandte Gottes sagte: „Lass mein Volk, die Kinder Israels, frei und erlaube ihnen, Ägypten mit uns zu verlassen.“ Der Pharao fragte: „Warum sollte ich meine Sklaven frei lassen?“ Mo-

68. Koransure Tā-Hā 20:25–33.
69. Koransure Tā-Hā 20:36, 42–44.

ses erwiderte: „Sie sind die Sklaven Gottes, des Herrn der Welten."

Diese Antwort ärgerte den Pharao. Er erinnerte Moses an die Großzügigkeit und Fürsorge, die Moses als Baby von ihm und seiner Frau bekommen hatte. Dann drohte er ihm: *„Wenn du dir irgendeine andere Gottheit als mich nimmst, dann werde ich dich ganz gewiss zu einem der Gefangenen machen."*[70] Moses fragte: „Was wäre, wenn ich dir ein Zeichen gebe?" „Ein Zeichen?", sagte der Pharao. „Klar, gib mir ein Zeichen, wenn du kannst, Moses!" Zuerst warf Moses vor den Augen des Pharaos seinen Stock auf den Boden, der sich zu einer riesigen Schlange verwandelte. Die Schlange schlängelte und windete sich auf dem Boden. Danach steckte Moses seine rechte Hand in sein Gewand unter seinen linken Arm. Als er seine Hand wieder herauszog, leuchtete seine Hand strahlend weiß.

Der Pharao fürchtete, seine Macht zu verlieren, wenn die Menschen nach diesen Wundern Moses glaubten. „Bist du zurückgekommen, um uns mit deiner Zauberei aus unserem Land zu vertreiben?", fragte er. „Wir werden sehen. Wir haben bald ein Fest, und da wirst du gegen meine Zauberer antre-

70. Koransure asch-Schuʿarā' 26:29.

ten. Es wird an einem öffentlichen Platz stattfinden. So kann niemand betrügen und alle werden die gleichen Voraussetzungen haben. Unsere ägyptischen Zauberkünste sind besser, als alles, was du uns bieten kannst“, sagte er. Moses war einverstanden: „Abgemacht. An diesem Festtag wird unser Wettstreit sein. Versammle alle Menschen, wenn die Sonne hoch oben steht, damit im Dunkeln nicht getrickst werden kann.“

Der besagte Tag brach an und Moses sagte vor Beginn des Wettstreits zu allen: „Ihr wurdet gewarnt! Wenn ihr Gott betrügt, wird Er euch allesamt vernichten. Ihr könnt nicht gegen Gott gewinnen.“ Sie antworteten ihm nicht, aber fragten ihn: „Willst du zuerst antreten, oder sollen wir anfangen?“ „Ihr sollt beginnen“, erwiderte Moses. Sie warfen einige Stäbe und ein Seil auf den Boden, die sich selbstständig zu bewegen schienen. Dann ließ Moses seinen Stab aus seiner rechten Hand fallen und der Stab verwandelte sich in eine riesige Schlange. Die Schlange schlängelte sich zu den Stäben und dem Seil hin, die die Zauberer des Pharaos geworfen hatten, und verschlang sie alle.

Da warfen sich die Zauberer nieder, indem sie mit der Stirn den Boden berührten, und sie sagten: „Jetzt glauben wir an den Herrn der Welten, den Herrn von

Moses und Aaron!"[71] Der Pharao war unheimlich wütend und brach in Panik aus. Er war dabei, sein Königreich und somit seine Macht zu verlieren. Er schrie: *„Was? Wie könnt ihr an Ihn glauben, bevor ich euch die Erlaubnis dazu erteile? Fürwahr, er ist euer Oberhaupt, der euch die Zauberei gelehrt hat. Doch bald schon werdet ihr (es) wahrlich zu wissen bekommen. Ich werde ganz gewiss eure Hände und Füße wechselseitig abhacken lassen und euch ganz gewiss allesamt kreuzigen lassen."*[72] Doch sein Drohen ließ die Zauberer kalt. Denn sie wussten, dass sie nur getrickst hatten, und dass das, was Moses ihnen zeigte, echt war. Es war ein Zeichen Gottes, daran glaubten sie jetzt. Um die Menschen einzuschüchtern, ließ der Pharao nach dem Wettstreit seine Zauberer vor aller Augen grausam hinrichten. Doch er hatte bereits an Ansehen verloren, und sein Einfluss in seinem Königreich und seiner Familie begann zu bröckeln.

Der Pharao rief alle seine Minister zusammen, um zu einer Entscheidung zu kommen. „Lasst uns Moses umbringen. So werden wir den Menschen beweisen, dass der Ruf nach seinem Herrn ihn nicht beschützt hat! Sonst könnte er die Menschen

71. Koransure asch-Schuʿarā' 26:46–48.
72. Koransure asch-Schuʿarā' 26:49.

überzeugen, ihre Religion zu wechseln, oder im ganzen Reich Unruhe stiften!" Dann sagte einer aus seiner Familie, der heimlich an Gott glaubte: „Es ist keine gute Idee, einen Mann zu töten, nur weil er behauptet, dass es nur einen Gott gibt. Er hat uns deutliche Zeichen gegeben, die keiner leugnen kann, oder? O mein Volk, ich habe Angst, dass uns etwas Schreckliches zustoßen könnte. Und dass es uns so ergehen könnte, wie den Völkern von Noah, Hud und Schuʿaib." Er redete so überzeugend, dass die Minister an Pharaos Entscheidung, Moses hinzurichten, zweifelten und sich letztlich dagegen aussprachen.

Es gab in der Stadt allerdings einen Juden namens Korah (Qārūn), der mit Ägyptern befreundet war, die nicht an Gott glaubten. Er war sehr reich geworden und weigerte sich, etwas von seinem Geld für die Armen zu spenden, obwohl er dazu verpflichtet war. Er war einer, der in schicken Kleidern durch die Stadt stolzierte und sein Geld vor den Augen anderer verschwenderisch ausgab. Moses ging zu ihm hin und erinnerte ihn daran, dass alles was er hatte, von Gott kam. Auch erinnerte er ihn an seine Pflicht, die er gegenüber Bedürftigen, Witwen, Waisen und Reisenden hatte. „Pah!", rief er - „Gott? Pflichten? Ich bin reich, weil ich schlauer bin als ihr alle! Ich habe alles selbst erreicht! Ich bin ein Erfolgsmensch!“ Moses ging weg, ohne ihm etwas zu antworten. Einige Tage später stürzte Korahs Haus in eine Grube unterhalb des Hauses. Alle teuren Möbel, all der Luxus und die Schätze, auf die der Mann so stolz war, wurden vernichtet und auch der hochmütige Korah starb in den Trümmern seines Hauses.

Moses und Aaron liefen zurück zum königlichen Hof und sagten dem Pharao, dass Gott die Ägypter bestrafen werde, weil sie die Kinder Israels versklavt hatten. Jetzt traf die Ägypter ein Unglück nach dem anderen. Zunächst trocknete die Ebene um den Nil herum aus und die Erde bekam keine Feuchtigkeit. Doch dann überschwemmte der Fluss alles, was ihm in die Quere kam. Später ließ Gott eine Heuschreckenplage über sie ergehen, wodurch ihre Ernte zerstört wurde. Durch Ungeziefer infizierten sich die Ägypter mit Krankheiten, Frösche vermehrten sich zuhauf und machten den Menschen das Leben schwer. Schließlich verwandelte sich das Nilwasser in Blut. Nach jedem dieser Unglücke gingen die Ägypter zu Moses und versprachen ihm, die Kinder Israels gehen zu lassen. Moses betete jedes Mal zu Gott und die Ägypter wurden verschont. Doch sie hielten ihr Wort nicht.

Dann verkündete Gott, der Prophet Moses solle bei Einbruch der Dunkelheit Ägypten mit seinem Volk verlassen und zum Meer laufen. Als der Pharao am nächsten Morgen erfuhr, dass die Israeliten Ägypten verlassen hatten, befahl er seinen Soldaten, ihnen zu folgen und sie am Ufer des Meeres zu fassen. Als die Kinder Israels das weite Meer vor sich sahen und hinter ihnen die riesige Armee des Pharaos erblickten, die immer näher kam, hatten sie große Angst. Dann offenbarte Gott seinem Propheten, dass er nur Ihn fürchten und das Wasser mit seinem Stab schlagen solle. Plötzlich teilte sich das Meer und ein trockener Weg tauchte zwischen den Wellen auf, auf dem die Gläubigen das Meer durchqueren konnten.

Voll Vertrauen auf Gott und Ihm dankend liefen sie mitten durch das Meer auf die gegenüberliegende Seite. Nun befahl der Pharao seiner Armee, ihnen hinterherzulaufen, und die Soldaten taten, wie ihnen befohlen worden war. Als Gott der Allmächtige das Meer wieder schloss, begruben die Wellen das Heer des Pharaos unter sich. Der nasse Sand saugte ihre Füße an und die Last ihrer Ausrüstung ließ sie in den wirbelnden Wellen untergehen. Kein Einziger konnte sich retten, sie alle ertranken.

Als die Wellen den Pharao in die Tiefe zogen, schrie er: *„Jetzt glaube ich, dass es keine Gottheit außer Ihm gibt, an den die Kinder Israels glauben."*[73] Doch es war zu spät. Gott sagte: *„Jetzt also? (Ergib du dich jetzt,) wo du dich doch zuvor ständig widersetzt und zu denen gehört hast, die damit beschäftigt waren, Unordnung anzurichten und Verderben zu stiften? Darum werden Wir heute nur deinen Leib bewahren, sodass du zum Zeichen für jene wirst, die nach dir kommen."*[74]

Moses und sein Volk waren nun frei und mussten sich einer neuen Prüfung stellen. Auf der Suche nach einem neuen Land, wo sie sich niederlassen und in Frieden leben könnten, reisten sie durch die Wüste des Sinai. Sie waren hungrig, und so sandte Gott ihnen einen Schwarm Vögel, die Wachteln genannt werden. Jede Wachtel trug eine Frucht namens Manna mit sich. Als sie durstig waren, sagte Gott zu Moses, er solle mit seinem Stock einen Felsen berühren. Und siehe da! Aus dem Felsen sprudelten zwölf frische Wasserquellen. So konnten der Prophet und sein Volk ihren Durst stillen. Danach ging Moses zum Berg Sinai und verbrachte vierzig Tage im Gebet. Am Ende der vierzig Ta-

73. Koransure Yūnus 10:90.
74. Koransure Yūnus 10:91–92.

ge erhielt er eine Offenbarung. Bevor er sich auf den Berg zurückgezogen hatte, hatte er seinem Bruder Aaron, der ebenfalls ein Prophet war, die Verantwortung für die Israeliten gegeben. Er sagte: „Nimm meinen Platz ein, während ich weg bin. Und handle richtig, indem du den Menschen hilfst, Gott zu gehorchen und nur Ihn zu verehren."

15. DER EHRWÜRDIGE PROPHET

AARON

DER REDEGEWANDTE

Aaron war Moses' Bruder. Als Gott Moses zum Propheten ernannte, bat Moses: *„Und mein Bruder Aaron – er besitzt mehr Zungenfertigkeit als ich, darum schicke ihn (indem Du auch ihn zum Gesandten auserwählst) ebenfalls mit mir als Helfer, der meine Wahrhaftigkeit bestätigt, denn ich fürchte fürwahr, dass sie mich zum Lügner erklären werden."*[75] Darum wurde Aaron dazu berufen, Moses dabei zu helfen, die Kinder Israels aus den Händen der Ägypter zu befreien.

Während sie gemeinsam die Wüste durchquerten, befahl Gott dem Propheten Moses dreißig Ta-

75. Koransure el-Qasas 28:34.

ge und Nächte lang zu beten, dann weitere zehn Tage dranzuhängen, bis er vierzig Tage vollendet hätte. Moses ließ sein Volk am Fuß des Berges zurück, um allein zu sein. Er sagte zu seinem Bruder Aaron: „Nimm meinen Platz in meinem Volk ein, leite sie auf den rechten Weg des Gehorsams und der Verehrung Gottes. Und lass nicht zu, dass das Volk zum Sündigen verleitet wird. Halte das Volk stets vereint."

Aaron war verantwortlich für die Leitung des Gottesdienstes. Als er nun ohne seinen Bruder dastand, packten die Götzendiener des Volkes Israel die Gelegenheit beim Schopf. Sofort trugen sie all ihr Gold zusammen, schmolzen es ein und fertigten einen Götzen in Form einer Kuh an. Dieser Götze war so konstruiert, dass er bei Wind ein Geräusch erzeugte, das sich so anhörte, als ob die Statue wie eine lebendige Kuh muhte. In dunklen Nächten hörten sie sich dieses Geräusch an und verehrten die Figur. Ihr Anführer hieß Samiri. Aaron warnte sie: „Das ist doch nur eine Statue. Es gibt nur Einen Gott, der es wert ist angebetet zu werden, und Moses ist Sein Gesandter." Doch sie ließen sich von ihm nichts sagen. Samiri diskutierte mit ihm und sagte: „Wir werden nicht aufhören, die Kuh anzubeten, bis Moses zurückkehrt! Wo ist er denn nun, unser Führer?“

Nicht alle beteten die goldene Kuh an, und deshalb spaltete sich das Volk in zwei Lager. Immer wieder ermahnte Aaron sie. Schließlich drohte Samiri sogar damit, Aaron zu töten. Aaron überlegte kurz, gemeinsam mit den Gläubigen gegen Samiri und seine Anhänger zu kämpfen. Doch sie taten das nicht, weil Aaron der Überzeugung war, dass der Kampf nicht die beste Art wäre, Konflikte zu lösen und den Menschen die Wahrheit näherzubringen. So entschied er sich, weiterhin geduldig zu sein, und die Menschen so für Gott diese Botschaft zu gewinnen.

Während Moses sich auf dem Berg aufhielt, erhielt er eine Offenbarung von Gott, dass sein Volk sich von dem Ein-Gott-Glauben abgewandt hat. Er kehrte zornig zu seinem Volk zurück und wollte sehen, was sich dort ereignet hatte. „Welch üble Sache ihr in meiner Abwesenheit getan habt. Wollt ihr etwa von eurem Herrn vernichtet werden?“, schrie er. Er legte die Steintafel mit den Geboten Gottes ab, fasste seinen Bruder an den Haaren und zerrte ihn mit sich. Aaron rief verzweifelt: „Bruder, ich habe versucht, sie aufzuhalten, doch sie hörten nicht auf mich! Sie wollten mich sogar töten. Es würde sie freuen, wenn du mich schlägst. Bitte lass die Feinde nicht über mich frohlocken und weise mich nicht dem Volk der Ungerechten zu. Ich habe doch nichts Falsches getan. Obwohl sie sich in zwei Parteien getrennt hatten, habe ich nicht gegen sie gekämpft. Du hast mir doch gesagt, ich solle sie zusammenhalten."

Moses beruhigte sich wieder und bat Gott, ihnen beiden zu vergeben. Diejenigen aber, die die Kuh verehrt hatten, wurden auf dieser Welt bereits bestraft und sie werden auch im Jenseits ihre gerechte Strafe bekommen. Ausgenommen sind natürlich die Menschen, denen es aufrichtig leidgetan hat und die Gott um Vergebung gebeten haben. Denn Gott ist der Allvergebende, der Barmherzige. Der Prophet Moses nahm die Steintafeln wieder hoch, denn was darauf stand, sollte Menschen, die Gott fürchten, den rechten Weg und die Barmherzigkeit Gottes zeigen.

16. DER EHRWÜRDIGE PROPHET DAVID DER TAPFERE

DER PROPHET DAVID GEHÖRTE ZUM VOLK Israel. Zu der Zeit, als seine Geschichte beginnt, wurde sein Volk von den Götzendienern aus dem Land verbannt. Deswegen bereiteten sich die Gläubigen darauf vor, gegen die Feinde zu kämpfen, um ihr Land zurückzuerobern.

Der Heerführer ihrer Feinde war ein großer Soldat namens Goliath. Als sich beide Armeen gegenüberstanden, forderte Goliath, dass ein Soldat aus den Reihen der Gläubigen im Einzelkampf gegen ihn antreten solle. Das war damals so üblich. Doch da Goliath für seine Stärke gefürchtet war, hatte keiner der Israeliten den Mut, sich freiwillig zu melden. Sogar als der König der Gläubigen versprach, dass derjenige, der gegen Goliath kämpfen würde, die schöne Tochter des Königs heiraten dürfe, war von den Soldaten kein Mucks zu hören.

Plötzlich trat zur Überraschung aller aus den hinteren Reihen ein schmächtiger junger Mann hervor. Er war Schäfer, und so war er auch gekleidet. Die feindlichen Krieger fingen lauthals an zu lachen. Bei diesem Jüngling handelte es sich um David. Auch der König der Kinder Israels, Saulus (Ṭālūt), war über Davids Mut und sein Gottvertrauen überrascht. David sammelte ein paar spitze Steine vom Boden auf, tat diese in einen Lederbeutel und warf ihn über die Schulter neben seine Steinschleuder. Er war zu allem bereit.

Nun lief David auf den Platz zwischen den beiden Armeen, wo Goliath bereits auf ihn wartete. „O Gott, bitte beschütze mich vor diesem Riesen und gewähre mir den Sieg!“, betete er zu seinem Herrn.

Goliath blickte hinunter auf den jungen, schmächtigen Mann, und fing schallend an zu lachen. „Ich werde deinen Kopf mit einem einzigen Schwerthieb abtrennen!“, brüllte er. Blitzschnell nahm David seine Steinschleuder, legte einen Stein hinein, schwang die Schleuder über seinem Kopf, bis ein lautes Geräusch entstand. Dann zielte er auf

Goliath, und mit einer geschickten Handbewegung schleuderte er den Stein so schnell wie einen Pfeil schnurstracks in Goliaths Richtung. Noch bevor der sein Schwert ziehen konnte, traf ihn das Geschoss mit voller Wucht auf die Stirn, sodass sein Kopf aufplatzte und er blutüberströmt auf den Boden fiel. Als seine Männer sahen, dass ihr großartiger Heerführer leblos im Dreck lag, rannten sie in alle Richtungen weg. Diesen Kampf gewann das Volk Israel. So erlangten sie Ruhm und Ehre zurück, was ihnen lange Zeit verwehrt war. Von nun an wurde David als Held der Juden gefeiert. Der König hielt selbstverständlich sein Wort und gab dem jungen Krieger seine Tochter zur Frau. Nun war der Prophet auch einer der königlichen Berater. Trotzdem ließ er sich nicht von dem Ruhm und Erfolg blenden. Stattdessen zog er sich eine Zeit lang in die Wüste zurück.

Gott hatte David als Propheten auserwählt und ihm die Psalmen offenbart. Als er aus der Schrift las, schlossen sich die Berge seinem Gebet an, und die Vögel um ihn herum versammelten sich, um Gott zu verehren. Pflanzen, Vögel und andere Tiere, ja sogar die Gebirge folgten seinem Ruf. Das war eines der Wunder, die Gott ihm gewährte. Des Weiteren konnte er die Sprache der Vögel und der Tiere verstehen. Alle zwei Tage fastete er und verbrachte einen Teil der Nacht im Gebet, denn er wünschte sich, ein aufrichtiger und dankbarer Diener Gottes zu sein.

Sein Volk musste oft in den Krieg ziehen. Aber ihre eisernen Rüstungen waren zu schwer und unpraktisch, um damit mühelos kämpfen zu können. Dieses Problem beschäftigte den Propheten sehr, und er bat Gott um Hilfe. Als er eines Tages ein Eisenstück in der Hand hielt, bemerkte er zu seiner Überraschung, dass Gott es für ihn biegsam gemacht hatte. Voller Dank warf er sich nieder. Nun konnte er den Metallarbeitern endlich zeigen, wie man Brustpanzer herstellen kann, indem man verschiedene Metallketten miteinander verknüpft. Auf diese Weise löste er das Problem mit den Rüstungen.

Gott war mit David, und so hatte er einen großen Einfluss auf die Menschen, die ihn liebten und stets gut von ihm sprachen. Nach dem Tod seines Schwiegervaters wurde David zum König gekrönt. Sein Reich war mächtig und riesig, und seine Feinde hatten so große Angst vor ihm, dass sie sich nicht trauten, gegen ihn in den Krieg zu ziehen. Er war ein gerechter und guter Herrscher, der dem Volk Frieden und Wohlstand brachte. Des

Weiteren ehrte Gott ihn als Königpropheten. Mit seiner schönen Stimme, die auch eine Gabe Gottes war, verkündete er den Menschen die Botschaft seines Herrn. Wenn er die Psalmen rezitierte, war es, als ob alle anderen Geschöpfe mit ihm sangen, und die Zuhörer wurden in einen tranceartigen Zustand versetzt.

Obwohl der Prophet ein König war, sorgte er selbst für seinen Lebensunterhalt, indem er Waffen herstellte und sie verkaufte. Er ließ sich nichts von den Menschen schenken. Sein Tagesablauf war in vier Teile gegliedert: ein Teil, um zu arbeiten und um sich auszuruhen, der nächste zum Beten, ein weiterer, um sich Beschwerden und Bitten anzuhören, und der letzte Teil, um zu unterrichten. Natürlich hatte er auch Unterstützung, wenn es um die Probleme seines Volkes ging. Die Menschen wurden niemals vernachlässigt.

Eines Tages betete David gerade in seiner Gebetsnische. Normalerweise ließen seine Wächter nicht zu, dass ihn jemand unterbricht. Doch an diesem Tag schafften es zwei Männer, sein Zimmer zu betreten. „Wer seid ihr?“, fragte David. Sie sagten: *„Fürchte dich nicht! (Wir sind) zwei miteinander im Rechtsstreit liegende Parteien; die eine der Parteien hat sich gegen das Recht der anderen* *vergangen. Darum urteile zwischen uns in Wahrheit; sei nicht ungerecht; und leite uns auf einen ebenen Pfad.*" Einer der beiden erklärte den Fall: *„Dies ist mein Bruder; er hat 99 Schafe, und ich habe nur ein einziges.*"[76] Der andere sagte: „Es stimmt zwar, dass er mir dieses eine Schaf geschenkt hat, aber nun hat er es wieder zurückgenommen, ohne mich um Erlaubnis zu bitten." Ohne dessen Bruder anzuhören sagte David: *„Er hat dir zweifelsohne Unrecht getan, indem er von dir dein einziges Schaf forderte, damit es seinen eigenen Schafen hinzugefügt werde. Wahrlich, zahlreich sind die Geschäftspartner, die sich gegenseitig in ihren Rechten verletzten, außer jenen, die glauben und gut, rechtschaffen handeln – und wie wenige gibt es davon!*"[77] Plötzlich waren die beiden Männer wieder verschwunden und David verstand, dass sie Engel gewesen waren, die gesandt wurden, um ihn auf die Probe zu stellen. Der kluge Prophet verstand nun, dass es nicht gut ist, ein Urteil zu fällen, ohne sich zuvor beide Seiten anzuhören.

Bis zu seinem Tod betete er Gott an, ehrte Ihn und sang für Ihn Lieder des Dankes.

---

76. Koransure Sad 38:22–23.
77. Koransure Sad 38:24.

17. DER EHRWÜRDIGE PROPHET

SALOMON

EIN PROPHET MIT VIELEN TALENTEN

DER PROPHET SALOMON WAR DER SOHN des Propheten David. Schon in seiner frühen Kindheit war er so intelligent und weise, dass es schon damals klar war, dass irgendwann aus ihm ein guter König werden würde. Eines Tages kamen zwei Männer zu Salomon. Einer von ihnen sprach: „O Prophet. Ich habe ein Feld, und die Schafe dieses Mannes drangen nachts dort ein und fraßen all die Trauben, die ich dort anbaue. Ich möchte, dass er das wiedergutmacht.“ Auch der Vater des Propheten war anwesend. So sagte Salomon: „Der Besitzer der Schafherde soll das Land bewirtschaften, bis neue Traubenreben entstehen. Und derjenige, dem das Land gehört, soll die Tiere nehmen und deren Wolle und Milch für sich gebrauchen, bis sich sein Feld wieder erholt hat. Wenn wieder Trauben wachsen, der Stock und der Boden zu alter Kraft gelangt sind, soll der Landbesitzer sein Feld zurücknehmen und die Herde zurückgeben. Ansonsten soll er die Schafe behalten.“ Mit diesem Rechtsurteil war auch der Prophet David zufrieden: „Das ist ein gerechtes Urteil. Ich lobpreise Gott dafür, dass Er dir Weisheit verliehen hat.“

An einem anderen Tag kamen zwei Frauen mit einem kleinen Jungen zu David. Sie erzählten ihm, dass ein Wolf das Baby von einer der Frauen aufgefressen hat. Nun behaupteten beide, dass das Kind, das überlebt hat und welches sie dabei hatten, ihres sei. David hörte sich beide Versionen an und entschied, den Kleinen der älteren Frau zu überlassen. Er tat dies, da diese Frau augenscheinlich einen überzeugenden Beweis lieferte, dass es sich um ihren Sohn handelte. Außerdem war es in diesem Land üblich, im Zweifelsfall der älteren Frau das Kind zu geben. Doch dann fragte er nach der Meinung seines Sohnes. Salomon sagte: „Gebt mir ein großes scharfes Messer, und ich werde das

Kind in zwei Teile schneiden. Jede Frau bekommt einen Teil. So ist es fairer."

Die junge Mutter schrie voller Entsetzen: „Nein, tötet ihn nicht. Gibt ihn ihr; aber ich flehe euch an, tötet ihn nicht!" Dann wandte Salomon sich der alten Frau zu und sagte: „Möge Gott barmherzig mit dir sein wegen des traurigen Verlusts deines Kindes und weil du gelogen hast. Das ist der Sohn der jüngeren Frau, übergebt ihn deshalb ihr."

Nach dem Tod seines Vaters trat Salomon die Nachfolge als König an. Er bat Gott um ein Königreich, wie es kein König nach ihm jemals haben würde. Gott erhörte sein Gebet. Neben der Weisheit, die Er ihm gegeben hatte, segnete Gott ihn mit vielen weiteren Fähigkeiten. Zum Beispiel hörten die Winde auf seine Befehle und er konnte auf ihnen überall hinreisen. Gott hatte ihm auch die Sprache der Vögel beigebracht. Auch die Djinn (unsichtbare Geisteswesen, die aus rauchlosem Feuer erschaffen sind) dienten Salomon. Sie suchten für ihn Perlen im Meer, formten Metall und Stein, um damit zu bauen. Er wurde auch von Gott inspiriert, den Menschen und den Dschinnen beizubringen, wie man Metalle fördert, sie einschmelzt, um daraus dann Werkzeuge und Waffen herzustellen.

Einmal wurden ein paar besonders schöne Pferde zu ihm gebracht. Nachdem er sie eine Weile bewundert hatte, sagte er: „Ich liebe die Pferde nicht, weil sie selbst schön sind, sondern weil sie uns an die Schönheit und Großzügigkeit unseres Herrn erinnern." Danach striegelte er Beine und Nacken der Tiere.[78]

Eines Tages versammelte er eine Armee von Dschinnen, Menschen und Vögeln. Als sie durch ein Tal marschieren wollten, in dem es viele Ameisen gab, hörte Salomon, wie eine Ameise die anderen in der Kolonie warnte: „Ameisen, geht zurück in eure Nester. König Salomon und seine Männer könnten euch sonst versehentlich zertrampeln." Der König freute sich darüber, dass er verstand, was die Ameisenkönigin zu ihrem Ameisenvolk sagte, und sprach: *„Mein Herr, veranlasse mich, für Deine Gunst zu danken, die Du mir und meinen Eltern erwiesen hast, und rechtschaffen zu handeln, womit Du zufrieden bist. Und lasse mich durch Deine Barmherzigkeit eingehen in die Reihen Deiner rechtschaffenen Diener."*[79]

Wenn das Heer durstig war, suchte ein ganz besonderer Vogel namens Wiedehopf auf Salomons

78. Koransure Sad 38: 31-33.
79. Koransure an-Naml 27:18-19.

Wunsch hin in der Wüste nach Wasser. Als Salomon eines Tages nach den Vögeln seiner Armee schaute, bemerkte er, dass der Wiedehopf fehlte. Der Prophet sagte: „Wie kann es sein, dass ich ihn nicht sehe? Ist er nicht da?"

Kurz darauf kam der Vogel zurück und hatte Interessantes zu berichten: „Ich bin bis nach Saba' geflogen und habe wichtige Neuigkeiten für dich. *Ich habe dort eine Frau vorgefunden, die über sie herrscht, eine, der alles zuteil geworden ist und die einen mächtigen Thron hat. Allerdings habe ich herausgefunden, dass sie und ihr Volk sich vor der Sonne niederwerfen anstatt vor Gott. Satan ließ ihnen ihr Handeln anziehend erscheinen und hielt sie so von dem (einzig richtigen geraden) Weg ab, sodass sie nicht rechtgeleitet sind."*[80] Der Vogel erzählte ihnen auch, dass die Königin von Saba Belkis heißt und ihr Reich sich vom Jemen bis hin nach Abessinien erstreckt. „Wir werden sehen, ob du die Wahrheit sprichst", sagte Salomon. Er schrieb Belkis einen Brief und befahl dem Vogel, ihn ihr zu bringen.

Der Wiedehopf ließ den Brief direkt vor dem Thron der Königin von Saba fallen. Sie nahm den Brief, las ihn und versammelte unverzüglich den

80. Koransure an-Naml 27:23–24.

Obersten Rat. „Sieht her, ich habe einen besonderen Brief bekommen. *Er ist von Salomon, und er lautet: ‚Im Namen Gottes, des Erbarmers, des Barmherzigen! Seid mir gegenüber nicht aufsässig, sondern kommt zu mir in Gottergebenheit.' O ihr Würdenträger! Lasst mich euren Rat wissen in dieser Angelegenheit. (Ihr wisst ja sehr wohl, dass) ich niemals einen Beschluss fasse in einer Sache, ohne dass ihr bei mir anwesend seid." Sie sagten: „Wir verfügen über große Macht, und wir verfügen über starken Wagemut, doch die Entscheidung ruht bei dir, darum überlege, was zu gebieten du gedenkst." Sie sagte: „Wenn Könige in ein Land einfallen, dann richten sie Zerstörung und Verderben dort an und machen die Edelsten (unter seinen Bewohnern) zu Erniedrigten. Das ist doch, was sie in Wirklichkeit tun. Nun denn, ich will ihnen ein Geschenk schicken und sehen, mit was (für einer Antwort) die Abgesandten zurückkehren."*[81]

Da sie auf jeden Fall einen Krieg gegen König Salomon vermeiden wollte, sandte sie ihm ein großzügiges Geschenk aus Edelsteinen und Juwelen. Der Botschafter der Königin überreichte Salomon die Gaben und bezeugte ihm ihren Respekt. Salo-

81. Koransure an-Naml 27:30–35.

mon antwortete: „Gott hat mir viel Reichtum, ein riesengroßes Königreich und die Prophetenschaft gegeben. Ich brauche eure Geschenke nicht. Mein einziges Ziel ist es, den Glauben an die Einheit und Einzigkeit Gottes zu vermitteln." Er gab dem königlichen Boten die Geschenke zurück und wies ihn an, der Königin zu sagen, dass er in ihr Reich einmarschieren würde, wenn sie nicht damit aufhören würde, die Sonne anzubeten.

Als die Königin erfuhr, was geschehen war, entschied sie, ohne wütend zu werden, den Propheten Salomon in Jerusalem zu besuchen. In Begleitung ihrer königlichen Beamten und Dienerschaft brach die Königin von Saba' auf. Ein Bote informierte Salomon über ihr Kommen. Daraufhin sagte Salomon zu seiner Ratsversammlung: *„O ihr Würdenträger! Wer von euch kann mir ihren Thron hierherbringen, bevor sie in Gottergebenheit zu mir kommen?" Ein starker und schlauer unter den Djinn sagte: „Ich kann ihn dir bringen, bevor du dich von der Ratsversammlung erhebst. Ich verfüge über die Kraft und Geschicklichkeit dazu, und ich bin vertrauenswürdig." Und einer, der einiges Wissen um das Buch besaß, sagte: „Ich kann ihn dir bringen, während du mit deinen Augen zwinkerst." Als Salomon den Thron vor sich aufgerichtet sah, sagte er:*

„Das ist aus reiner Gnade meines Herrn (geschehen), damit Er mich auf die Probe stellt, ob ich mich als dankbar erweise oder undankbar handle. Wer immer dankbar ist, der ist (zum Nutzen) seiner eigenen Seele dankbar; und wer immer undankbar handelt – (der soll wissen, dass) mein Herr wahrlich reich, Sich Selbst genügend ist, großherzig. Macht ihren Thron für sie unkenntlich, und dann wollen wir sehen, ob sie sich rechtleiten lässt oder ob sie eine von jenen ist, die sich nicht rechtleiten lassen wollen.“[82]

Als die Königin ankam, wurde sie gefragt: *„Ist dein Thron so wie dieser?“* Sie schaute und wunderte sich, wie er vor ihr hier sein konnte. Es war doch nicht derselbe Thron, oder etwa doch? Sie runzelte die Stirn. So etwas wäre doch unmöglich! Doch sie musste ihren eigenen Augen glauben. *Sie sagte: „Es ist, als wenn er es wäre. Uns wurde schon Wissen (über die Pracht von Salomons Herrschaft und seine außerordentliche Macht) gewährt vor all dem (was wir hier gesehen haben), und wir haben uns bereits entschieden, uns in Gottes Willen zu ergeben.“ Dass sie andere als Gott anzubeten pflegte, hielt sie (vom geraden Weg) ab; denn sie gehörte zu einem ungläubigen Volk“*[83].

82. Koransure an-Naml 27:38–41.
83. Koransure an-Naml 27:42–43.

Sie wurde im prunkvollen Palast König Salomons als Ehrengast empfangen. Am Eingang glaubte sie ein Becken voll klarem Wasser zu sehen. Damit ihre Kleidung nicht nass wird, band Belkis ihre Gewänder hoch und entblößte dabei ihre Waden. Der König wandte seinen Blick von ihr ab und sagte: *„Dies ist ein Palast, der mit Kristall ausgelegt ist."* Nun erkannte sie, wie schwach und ignorant sie in der Gegenwart von Salomon war, einem Propheten, und verhüllte ihre Beine. Sie sagte: *„Mein Herr, ich habe mir fürwahr selbst Unrecht getan (indem ich falsche Gottheiten angebetet habe). Doch nun ergebe ich mich, zusammen mit Salomon, Gott, dem Herrn der Welten."*[84]

Auf einem riesigen Felsen in Jerusalem ließ der Prophet von seinen Dienern und den Sklaven der Dschinn einen wunderschönen Tempel erbauen, der die Menschen zum Gottesdienst anregen sollte. Die Geisteswesen waren angekettet und mussten mit dieser Arbeit ihre Sünden abbüßen. Denn sie hatten behauptet, dass sie mächtig seien, das Verborgene sehen und die Zukunft voraussagen könnten. Als Gesandter hatte Salomon nun mal

84. Koransure an-Naml 27:44.

die Pflicht, einen solchen Irrglauben aufzudecken und zu korrigieren.

Kurz vor seinem Tod bat Salomon Gott darum, dass die Dschinn seinen Tod nicht merkten, damit sie ihre Arbeit vollendeten. Sein toter Körper saß an seinem Stützstock angelehnt ein ganzes Jahr lang da, während die Dschinn Tag und Nacht arbeiteten. Erst als eine Termite den Stab von innen ausgehöhlt hatte, er zu Staub zerfiel und der Prophet von seinem Sitzplatz stürzte, erkannten die Dschinn, dass er nicht mehr am Leben war. Hätten sie das Verborgene wirklich sehen können, hätten sie ihre Arbeit niemals zu Ende geführt.

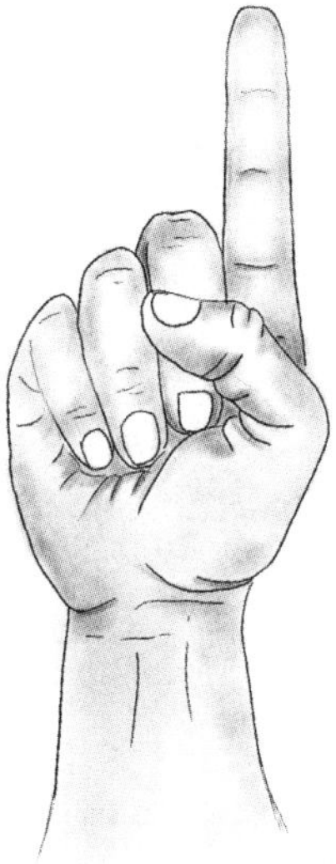

18. DER EHRWÜRDIGE PROPHET ELIAS

EIN PROPHET GOTTES

Gott sagte: „Dies sind die Männer, denen Wir das Buch und die Befugnis und die Prophetenschaft gaben. Wenn ihre Nachfahren sie ablehnen sollten, dann wählen wir ein neues Volk aus, das sie nicht abweist."

Auch der Prophet Elias war einer der Propheten, die zu einem Volk gesandt wurden. Er sagte zu ihnen: *„Wollt ihr euch nicht hüten vor Ungehorsam gegen Gott in Ehrfurcht vor Ihm und in Frömmigkeit? Wollt ihr fortfahren, Ba'l (als Gottheit) anzurufen, und den Schöpfer verlassen, der alles auf beste Weise und in angemessenster Form erschafft und den höchsten Rang der Schöpferkraft innehat – Gott, euren*

Herrn und den Herrn eurer Vorfahren?" „Erinnert euch an Gott, den einzig Wahren. Er ist derjenige, den eure Väter und Großväter verehrten."[85]

Doch viele folgten seinem Ruf nicht. Deshalb traf sie die Strafe Gottes. Die aber an Gott glaubten und Ihm aufrichtig dienten, wurden natürlich verschont. Gott segnete Elias und belohnte ihn für das Gute, das er tat. Elias war ein ergebener Diener Gottes.

85. Koransure as-Saffat 37:124–126

19. DER EHRWÜRDIGE PROPHET

ELISA

EIN ERGEBENER DIENER GOTTES

AUCH ELISA WAR EIN PROPHET GOTTES. Der Herr der Welten gab all Seinen Propheten die Gunst, von den Nationen dieser Erde geehrt zu werden. Gott leitete ihre Vor- und Nachfahren auf den rechten Weg. So belohnt Gott die Menschen, die ehrlich und anständig leben.

20. DER EHRWÜRDIGE PROPHET DHU'L KIFL

EIN STANDHAFTER PROPHET

DHU'L-KIFL IST NICHT DER EIGENTliche Name dieses gesegneten Propheten, sondern ein Titel, der so viel bedeutet wie „Mann von Gewicht". Dieser Titel wurde ihm gegeben, weil er ein herausragender Mensch war und wegen des besonderen Ansehens, das er im Jenseits genießen wird. Des Weiteren bedeutet Dhu'l-Kifl „derjenige, der der Verantwortung gerecht wurde". Dieser Beiname kann auch sogut wie „der Inhaber bzw. Einwohner von Kifl" bedeuten. Deshalb behaupten einige Korankommentatoren, Dhu'l-Kifl sei ein Beiname von Gotama Buddha, der seine jungen Jahren in Kapila-vatsu verbrachte. Somit soll Dhu'l-Kifl „Der Mann von Kapila" heißen. Ein weiteres Argument wird in dem Hinweis auf die Propheten in der Sure von At-Tīn, „Feigenbaum" gebracht. Die in dieser Sure des Korans erwähnten vier Dinge (Feige, Olive, sichere Stadt und Berge von Sinai) sollen auf die wichtigsten Propheten hinweisen. Die Olive steht für Jesus Christus, die Berge Sinais für Moses, die sichere Stadt (Mekka) für den Propheten Muhammed und die Feige stehe für den „Propheten" Buddha, da er seine Erleuchtung bzw. Offenbarung unter einem Feigenbaum erhielt.

Andere behaupten, dass dieser kein anderer als der Prophet Hesekiel sei.

Gott weiß es am besten.

21. DER EHRWÜRDIGE PROPHET JONAS

DER REUMÜTIGE PROPHET

Die Einwohner der Stadt Ninive, die zum assyrischen Reich gehörte, beteten ebenfalls Götzen an und waren stolz auf die vielen schweren Sünden, die sie begingen. Deshalb sandte Gott ihnen den Propheten Jonas, um ihnen den Glauben an den Einen, Wahren Gott näherzubringen. Doch die Menschen wollten davon nichts wissen und sagten: „Schon unsere Großeltern haben diese Götter angebetet. Diese Götter werden schon seit Jahrhunderten so angebetet und noch nie ist etwas Schlimmes passiert." Trotzdem erzählte Jonas ihnen weiterhin von Gottes großer Geduld und erklärte ihnen Gottes Gesetze. Aber keiner von ihnen hörte auf Jonas, und sie machten mit ihren sinnlosen und unanständigen Gewohnheiten weiter. Jonas warnte sie, dass Gottes Strafe sie treffen würde, aber sie waren felsenfest von ihren sinnlosen Ansichten überzeugt. „Na, komm schon", sagten sie, „Wir warten! Was soll schon passieren?" Daraufhin verlor der Prophet seinen Mut und verließ die Stadt. Er hatte das Gefühl, dass sehr bald Gottes Zorn Ninive und dessen Bewohner treffen würde, so wie es schon den Völkern der Propheten Noah und Hud sowie vielen anderen vor ihnen, ergangen ist.

Er hatte gerade die Stadtmauer hinter sich gelassen, als der Himmel sich plötzlich verfärbte. Nun leuchteten abwechselnd grellorange, rote und gelbe Lichter am Firmament, als ob ein Feuer ausgebrochen wäre. Angst und Schrecken verbreitete sich in Ninive. „Wir werden jämmerlich enden wie die Thamud, die ʿĀd und das Volk Noahs! Was sollen wir tun?", klagten sie. Was könnte sie vor der Wut Gottes beschützen? Ganz plötzlich erinnerten sie sich an die Worte des Gesandten: Natürlich mussten sie reumütig zu Gott zurückkehren! Sie versammelten sich neben dem Berg in der Nähe der Stadt und beteten zu Gott um Vergebung. Sie bereuten ihre Sünden und dass sie darauf stolz gewesen waren. Sie schrien so laut um Vergebung, dass ihr Ruf von den Bergen zurückschallte. Gott vergab ihnen.

Als der Feuersturm sich legte, dachten die Einwohner der Stadt, sie wären wieder in Sicherheit. Nun dankten sie dem Herrn für die unendliche Barmherzigkeit und Gnade, die er ihnen gegenüber erwiesen hatte, und beteten für die Rückkehr des Propheten Jonas. Zu Hause angekommen fuhren sie friedlich mit ihren alltäglichen Geschäften fort. Sie verehrten Gott, vermieden es zu sündigen und folgten Gottes Gesetzen so, wie es der Gesandte ihnen bereits gesagt hatte.

Als dies geschah, war Jonas mit weiteren Passagieren an Bord eines kleinen Schiffes. Sie fuhren den ganzen Tag lang auf ruhiger See. Der Wind trieb die Segel an und die Sonne schien freundlich auf sie herab. Als die Nacht jedoch hereinbrach, veränderte sich das Wetter schlagartig. Ein gewaltiger Sturm brach los, hohe Wellen peitschten über das Boot und der Wind zerfetzte die Segel. Die Wellen erhoben sich wie steile, hohe Klippen und rissen das Schiff mal in die Höhe, mal in die Tiefe. Das Deck wurde mehr und mehr überflutet und das Schiff wäre fast gekentert. Sie wurden die ganze Zeit schon von einem riesigen Wal verfolgt, der das Wasser spaltete und dessen gigantisches Maul hungrig auseinanderklaffte. Gott hatte einem der größten Walfische befohlen, dem Boot hinterherzuschwimmen.

In seiner Verzweiflung gab der Kapitän den Befehl, alle Last über Bord zu werfen, doch das Schiff drohte weiter zu sinken. Nun entschieden die Schiffsreisenden, mindestens einen von ihnen über Bord zu werfen. „Schreibt die Namen aller Reisenden auf. Derjenige, dessen Name gezogen wird, wird in die See geworfen", sagte der Schiffsführer. Jonas kannte diese Seemannstradition. Bei einem Sturm wurde dem Meer ein menschliches Opfer gebracht –, auch eine Form des Götzendienstes.

Es gab kein Entkommen mehr. Die Matrosen schrieben alle Namen auf, auch den des Propheten Jonas. Es war sein Name, der zuerst gezogen wurde. Da sie wussten, dass er der Ehrenhafteste unter ihnen war, wollten sie ihn nicht in die aufgewühlte See werfen. Deshalb versuchten sie es noch zwei weitere Male. Doch jedes Mal wurde Jonas Name gezogen. Jonas erkannte, dass es Gottes Wille war. Er hatte nämlich seine Mission ohne Gottes Anweisung in den Sand gesetzt.

Sich an ein Seil festklammernd stand er nun am Rand des Schiffes und schaute auf die wilde See.

Noch bevor man ihn hineinstoßen konnte, sprang er selbst in die Tiefe. Die ganze Zeit rezitierte er die Namen Gottes.

Im Wasser schluckte ihn ein riesiger Wal. Mit Jonas in seinem gigantischen Magen tauchte er nun in die kalte, schwarze Tiefe des Meeres hinab. Der Prophet begriff, dass er noch am Leben war. Er war in einer dreifachen Dunkelheit eingesperrt: die Dunkelheit der Nacht, die Dunkelheit der Meerestiefe und die Dunkelheit des Magens des Wals. Voller Hoffnung dankte er Gott: „Es gibt keinen Gott außer Dir. Gepriesen seist Du! Ich bin wahrlich einer der Ungerechten gewesen." So wiederholte er immer wieder dieses Gebet, während er im Bauch des Säugetiers gefangen war. Alle Tiere versammelten sich nun um den Wal herum und beteten Gott an, jeder auf seine eigene Weise und in seiner eigenen Sprache. Auch der Wal verstand, dass er einen Propheten verschluckt hatte, und sang Lobpreisungen.

Der Allmächtige Gott sah die Reue des Propheten Jonas und erhörte seine Gebete. So befahl Er dem Tier, an die Oberfläche des Meeres zu schwimmen, sich zu erheben, und den Gesandten aus seinem Magen an das Ufer einer Insel auszuspucken.

Jonas fand sich an einer Küste wieder. Seine Haut

war rot und wund von der Magensäure. Geduldig ertrug er die Schmerzen und dankte Gott ununterbrochen. Der Allmächtige ließ eine Kürbispflanze über ihm wachsen, damit seine Blätter ihn vor den Sonnenstrahlen schützten. Danach heilte Er ihn und vergab ihm seinen Fehltritt.

Nach seiner Genesung kehrte Jonas nach Ninive zurück, wo die Menschen seine Rückkehr feierten. Da sie nun Gottes Zeichen erkannt hatten, lehnten sie den Götzendienst ein für alle Mal ab und beteten einzig und allein Gott an. Zum Abschluss dieses wundervollen Ereignisses sprach Jonas ein Dankesgebet, um den Barmherzigen zu ehren.

22. DER EHRWÜRDIGE PROPHET

ZACHARIAS

EIN FROMMER DIENER GOTTES

Der Prophet Zacharias war ein Mann Gottes, der im prächtigen Tempel, den Salomon in Jerusalem vor vielen Jahrhunderten erbaut hatte, diente, bis er sehr alt geworden war. Er leitete das tägliche Gebet und unterrichtete die Menschen in Fragen der Religion.

Zacharias war zwar nicht reich, aber er war immer großzügig, besonders gegenüber den Bedürftigen. Auch war seine Frau Elisabeth eine aufrichtige und rechtschaffene Person. Elisabeth hatte eine Schwester namens Hanna, die eine Tochter gebar, die sie Maria nannte. Marias Vater Joachim starb schon vor der Geburt seiner Tochter. Hanna widmete ihre Tochter deswegen schon im Mutterleib Salomons Tempel. In diesem Tempel war Zacharias, der Ehemann von Marias Tante, tätig. Gleichzeitig war Joachim, der Vater von Maria, zu Lebzeiten der Großmeister von Zacharias. Aus diesen Gründen nahm Zacharias Maria in seine Obhut, und so zogen Zacharias und Elisabeth Maria wie ihr leibliches Kind groß. Da Maria dem Tempel gewidmet wurde, verbrachte sie die meiste Zeit ihres Lebens dort.

Sie lebte in einem abgelegenen Raum des Tempels. Sie war ein frommes junges Mädchen. Jede Stunde des Tages nutzte sie, um Gott anzubeten und Ihm zu danken. Sie lernte die Thora und die Psalmen sowie andere Bücher des alten Testaments und widmete ihr Leben dem Tempel, der Anbetung Gottes.

Als Maria die Pubertät erreichte, baute Zacharias eine Gebetskammer für sie, die nur über eine Leiter erreicht werden konnte. Er versorgte sie regelmäßig mit Essen und Getränken und auch mit Öl. Er war jedoch jedes Mal überrascht von den Früchten und Gerichten, die er bei Maria vorfand. Niemand außer ihm und seiner Frau Elisabeth konnte sie mit Essen versorgen. Und auch die Früchte, die er vorfand gab es nicht zu den Jahreszeiten. Im Winter fand er Früchte der Sommerzeit und im Sommer fand er Früchte der Winterzeit vor. Wie konnte das überhaupt sein?

Als er sie fragte, woher sie diese Nahrung hatte, antwortete sie, sie habe sie von Gott bekommen. Jeden Morgen fand sie am gleichen Platz einen Korb mit Nahrungsmitteln. „Weshalb wunderst du dich so sehr, Onkel?“, fragte sie. „Weißt du denn nicht, dass Gott seine geliebten Diener großzügig versorgt?“. Zacharias wurde nun klar, dass Maria, die Waise von Joachim, zur Gottesfreundin wurde. Er war sehr froh darüber.

Es gab aber eine Sache, die ihn mit seinen 90 Jahren traurig machte: Seine geliebte Frau bekam keine Kinder. Er befürchtete, dass nach seinem Tod die Menschen vom rechten Weg abirren könnten, da keiner mehr da wäre, um sie anzuleiten. Vielleicht würden sie nicht mehr nach den Gesetzen Gottes leben und sie nach Belieben ändern. Doch als er an jenem Tag Marias Gottvertrauen und Gottes unermessliche Gnadengaben sah, entschied er sich, Gott erneut um Hilfe zu bitten. Er wusste, dass es nichts gibt, wozu Gott nicht imstande wäre.

In aller Stille sprach er folgendes Gebet: *„Mein Herr, mein Gebein ist gebrechlich geworden, und mein Haupt schimmert vor grauem Haar aufgrund* *meines hohen Alters, und, mein Herr, ich bin niemals in meinem Bittgebet an Dich ohne Segen geblieben. Ich habe nun Befürchtungen, (wie) meine Angehörigen (handeln werden, wenn es darum geht, meine Mission fortzusetzen und die Zukunft Marias abzusichern), und meine Frau ist unfruchtbar. So schenke mir aus Deiner Gnade einen Nachfolger, der mein Erbe sein wird (was meine Aufgabe angeht) und das Erbe (des geraden Weges) vom Hause Jakobs antreten wird; und mache ihn, mein Herr, zu jemandem, mit dem Du wohl zufrieden bist.“*[86]

Die Engel riefen ihm im Auftrag Gottes zu: „O Zacharias! Wir verkünden dir die frohe Botschaft von einem Sohn, dessen Name Yahya (Johannes) sein wird. Wir haben diesen Namen zuvor noch niemandem gegeben.“ Er sagte: „Mein Herr! Wie kann ich einen Sohn haben, wo meine Frau doch unfruchtbar ist und die Gebrechlichkeit des hohen Alters bereits über mich gekommen ist?“ Der Engel antwortete: „So soll es sein. Dein Herr sagt: ‚Das ist leicht für Mich – Ich habe dich doch wahrlich schon vor dem erschaffen, als du noch nicht da warst.‘“ Zacharias bat: „Mein Herr, gib mir ein Zeichen.“ „Dein Zeichen“, sagte Er, „soll sein, dass du (über einen Zeit-

86. Koransure Maryam 19:4–6.

raum von) drei Nächte nicht zu den Menschen wirst sprechen können.“[87]

Dann trat Zacharias aus der heiligen Stätte heraus zu seinem Volk und sagte ihm in Zeichensprache, dass es Gott morgens und abends anbeten und danken sollen. Drei Tage lang sprach er kein Wort, doch in seinem Herzen dachte er voller Liebe an Gott, seinen Herrn. Als die drei Tage vergangen waren, durfte er wieder sprechen. Diese Geschichte lehrt uns die Barmherzigkeit Gottes.

87. Koransure Maryam 19:7–10.

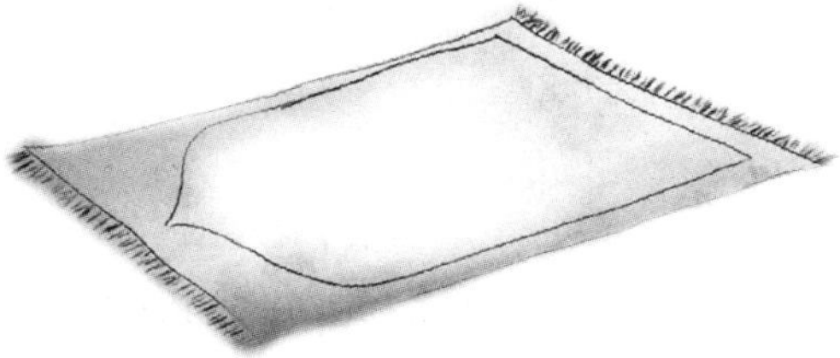

23. DER EHRWÜRDIGE PROPHET

JOHANNES

DER NACHSICHTIGE

DER SOHN DES PROPHETEN ZACHARIAS, den Gott ihm in seinem hohen Alter noch geschenkt hatte, hieß Johannes. Seinen Eltern gegenüber war er mild und gehorsam. Schon als kleines Kind liebte er das Lesen und Lernen, und Gott half ihm von klein auf, einen starken Glauben zu haben und klug zu handeln.

So studierte er, von Gott geleitet, die Gesetze seines Herrn, und lernte alle Gebote der hebräischen Bibel kennen. Auch war er ein hervorragender Richter, wenn es um die Angelegenheiten seines Volkes ging. Er leitete die Menschen auf den rechten Weg, warnte sie davor irrezugehen, und rief sie dazu auf, ihre Sünden zu bereuen. Seine Eltern und natürlich auch andere Menschen behandelte er immer mit Respekt und kümmerte sich um sie.

Johannes ging an manchen Tagen gerne in die Wüste oder in die Berge, um in Ruhe zu Gott zu beten und Ihm zu danken. Was würde er essen? Darum machte er sich nie große Gedanken. Er ernährte sich von dem, was ihm gerade in die Finger kam, ganz egal, ob es Blätter, Kräuter oder sogar Heuschrecken waren. Meistens verbrachte er die Nächte auf den Bergen oder in Erdhöhlen. Manchmal lief er ahnungslos in die Höhle eines Löwen oder eines Bären hinein. Und da er so sehr in das Gebet vertieft war, hatte er gar keine Angst. Er bemerkte die wilden Tiere noch nicht einmal. Doch die Tiere taten ihm nichts, weil sie erkannten, dass er ein Prophet war, der sich um alle Geschöpfe sorgte. Mit gesenktem Haupt verließen sie ihre Höhlen, um Johannes dort nicht weiter zu stören. An manchen Tagen fütterte er die Tiere mit dem Essen, das für ihn bestimmt war. Seinen eigenen Hunger stillte er mit seinen Gebeten. Viele Nächte weinte er und dankte Gott für seine Gaben.

Zu jener Zeit wurde Palästina von Herodes, einem grausamen Herrscher, regiert. Er wollte seine schöne Nichte Salome heiraten. Ihre Mutter war erst dagegen, aber Salome überzeugte ihre Mutter mit Hilfe einiger Männer aus Israel, Herodes zu heiraten. Vielleicht hatte Salome Angst vor ihm und wollte, dass er nicht böse auf sie wird. Als der Prophet Johannes von diesem Plan erfuhr, verkündete er, dass diese Ehe rechtswidrig sei. Denn ein Mann dürfe seine Nichte nicht heiraten, das verstoße gegen die Gesetze der Thora.

Die Nachricht darüber verbreitete sich in Windeseile. Im ganzen Land sprachen die Leute darüber. Salome war wütend. Denn sie wollte Königin werden und das Reich gemeinsam mit ihrem Onkel regieren. Als Herodes hörte, wie der Prophet darüber dachte, zögerte er, sie zu heiraten. Salome aber schmiedete ein Komplott, um ihr Ziel zu erreichen. Sie zog ein verführerisches Kleid an, ging zu seinem Thron, tanzte und sang vor ihrem Onkel. Der König wollte sie um jeden Preis haben. So versprach er, ihr alles zu geben, was sie wollte. Lächelnd sagte sie: „Ich möchte den Kopf von Johannes! Er hat im ganzen Land unseren Ruf zerstört und unsere Ehre beschmutzt. Wenn du mir diesen Wunsch erfüllst, werde ich dir gehören." Verzaubert von ihrer Schönheit erklärte er sich zu dieser grausamen Tat bereit und ließ den Propheten Johannes hinrichten. Dann wurde der erbarmungslosen Salome der Kopf von Johannes auf einem silbernen Tablett präsentiert. Voll Freude darüber klatschte sie in die Hände.

Gott bestrafte den gnadenlosen Mörder Seines geliebten Propheten. Das Königreich der Israeliten wurde von feindlichen Heeren zerstört und Salome wurde zusammen mit anderen Sündern getötet.

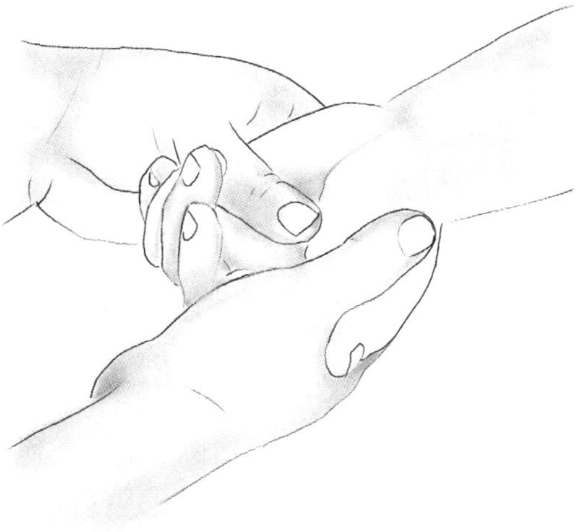

24. DER EHRWÜRDIGE PROPHET JESUS DER HEILER

EINES SCHÖNEN TAGES, ALS MARIA IM TEMpel zu Gott betete und Ihm dankte, kam ein Geist in Menschengestalt zu ihr. Ängstlich sagte sie: *„Ich suche Zuflucht vor dir bei dem Erbarmer, wenn du fromm und gottesfürchtig bist.“* Der Mann antwortete: *„Ich bin nur ein Gesandter deines Herrn, durch den dir ein reiner Sohn zuteilwerden soll.“*[88] Schockiert sagte sie: *„Wie soll ich einen Sohn haben, wo doch kein Mann mich berührt hat?“ „Solcherart ist Gottes Beschluss“*, sagte er, *„Gott erschafft, was Er will. Wenn Er eine Sache*

88. Koransure Maryam 19:18–19.

beschließt, so sagt er zu ihr ‚Sei!', und sie ist. Und dein Sohn wird ein Zeichen für die Menschheit und eine Barmherzigkeit Gottes sein."[89] Denn ihr Sohn, der ohne einen Mann in ihrem Mutterleib erschaffen wurde, zeigte, dass Gott alle möglichen Arten der Erschaffung kennt. Er erschuf Adam ohne Frau und ohne Mann, Eva ohne Frau, und gewöhnliche Menschen wurden aus Mann und Frau erschaffen. Mit der Schöpfung Jesu zeigte Gott, dass er auch imstande ist, einen Menschen ohne einen Mann zu erschaffen.

Nach diesem Ereignis war Maria sehr beunruhigt und hatte große Angst. In den folgenden Monaten wurde es immer schwieriger für sie. Wie konnte sie den Menschen noch in die Augen sehen? Obwohl sie unverheiratet war, war sie schwanger. Sie spürte sogar schon, wie das Kind in ihrem Bauch sie trat. Schweren Herzens verließ sie den Tempel und brach nach Nazareth, ihrer Geburtsstadt, auf. Geschützt vor den Blicken anderer, zog sie sich in ein einfachs Bauernhaus zurück.

Obwohl sie nicht wusste, wohin sie gehen sollte, entschied sie nach einigen Monaten auch Nazareth zu verlassen. Sie war noch nicht sehr weit

---

89. Koransure Al ʿImrān 3:47.

gekommen, als die Wehen einsetzten. Sie konnte nun nicht mehr weitergehen, setzte sich hin und lehnte sich an eine vertrocknete Palme an. Als die Schmerzen stärker wurden und sie Angst davor hatte, was noch auf sie zukommen würde, rief sie: *„O wehe mir! Wäre ich doch zuvor bereits gestorben und ganz und gar in Vergessenheit geraten!“*[90] Niemand war bei ihr, ganz auf sich gestellt gebar sie ihren Sohn.

Sie war sprachlos. Sie wusste nicht, wie sie mit dieser Situation umgehen sollte. Wie konnte sie die Rabbiner und ihre Verwandten überzeugen, dass sie ohne einen Ehemann ein Kind auf die Welt gebracht hatte. Während sie über diese Situation trauerte, fing ihr Jüngling Jesus an zu sprechen: *„Sei nicht traurig! Dein Herr hat dir zu Füßen ein Bächlein hervorgebracht. Schüttle den Stamm der Dattelpalme zu dir hin: Sie wird frische, reife Datteln auf dich herabfallen lassen. So iss und trink also, und sei getröstet. Wenn du jemanden sehen solltest, dann bedeute ihm (durch Gesten): ‚Ich habe dem Erbarmer ein Fasten gelobt, deshalb kann ich heute zu keinem Menschen sprechen.‘“*[91] Das neugeborene Baby sprach und versuchte seine Mutter zu

90. Koransure Maryam 19:23.
91. Koransure Maryam 19:24–26.

trösten. Maria war sprachlos. Dieses Baby ist ein Wunderkind, denn neugeborene Kinder konnten nicht einmal ihre Augen öffnen, geschweige denn reden. Dieses Wunder Gottes tröstete sie und stimmte sie glücklich. Das Baby gab ihr in dem Moment schon folgende Anweisung: „Versuche nicht, meine Geburt ohne Vater zu erklären. Sage den Menschen, die du antreffen wirst, nur, dass du bei Gott Schweigefasten versprochen hast. Ich werde ihnen die Wahrheit erklären."

Es kam, wie sie befürchtet hatte: Einige Menschen störten sich daran, dass Maria mit dem Neugeborenen in die Stadt kam. Die Leute schimpften mit ihr: *„O Maria! Du bist fürwahr mit etwas Unerhörtem, Gewaltigem gekommen!"*[92] Die junge Mutter hielt ihren Finger vor ihre Lippen und deutete auf das Baby. Sie riefen gerade: *„Wie können wir zu jemandem sprechen, der in der Wiege liegt, einem kleinen Jungen?"* Zu ihrem Erstaunen sprach das Kind laut: *„Ich bin fürwahr Abdullah (ein Diener Gottes). Er hat bereits bestimmt, dass Er mir die Schrift geben und mich zum Propheten machen wird. Er hat mich gesegnet gemacht, wo immer ich auch sein mag, und Er hat mir das Gebet vorgeschrieben*

92. Koransure Maryam 19:27.

und die reinigende Pflichtabgabe, solange ich lebe.“ Und das Jesuskind fügte hinzu: *„Und (Er hat mich) voll Ehrerbietung gemacht gegen meine Mutter, und Er hat mich nicht gewalttätig und widerspenstig gemacht. Darum sei Friede mit mir an dem Tag, an dem ich geboren wurde und am Tag meines Todes und an dem Tag, an dem ich wieder zum Leben erweckt werde.“*[93] Die meisten Menschen erkannten, dass sich vor ihren Augen soeben ein Wunder, ein Zeichen Gottes ereignet hat. Allerdings behaupteten andere, dass hinter der Rede des Kindes ein sonderbarer Zaubertrick steckte. Zumindest konnte Maria nun problemlos in Nazareth bleiben.

Als Jesus heranwuchs, mehrten sich die Zeichen für seine Prophetenschaft. Jeder konnte klar und deutlich erkennen, dass er ein Prophet sein würde. Der Allmächtige Gott wies ihn an, die Kinder Israels auf den rechten Weg zu führen. Die Botschaft, die er verkündete, handelte von der Liebe Gottes zu allen Geschöpfen, ganz besonders zu Menschen, die arm und bedürftig sind. Und er war ein lebendiges Beispiel für alles, was er sagte. Zu jener Zeit hatten sich die Menschen von den ursprünglichen Lehren der Thora, die dem Propheten Moses of-

93. Koransure Maryam 19:29–33.

fenbart wurden, entfernt. Jesus stellte klar, dass er das Gesetz (Thora) von damals nicht verändern, sondern vervollkommnen und die wahre Botschaft Moses wiederherstellen wolle. Nur wenige Menschen folgten dem Messias, die meisten von ihnen waren arm.

Jesus kam mit Menschen nicht zurecht, die nur an den eigenen Spaß im Leben dachten und sich nicht für Gott interessierten. Sie sollten ein für alle Mal Schluss machen mit ihrer Heuchelei, ihrer Prahlerei und ihrer Scheinheiligkeit. Deswegen erinnerte er sie an das grenzenlose Erbarmen und die große Barmherzigkeit Gottes. Am wichtigsten sei es, Gott zu lieben und Ihm zu dienen. Aber sie sollten auch ihre Mitmenschen lieben. Und die Gesetze sollten die gegenseitige Liebe und die Hilfsbereitschaft unter den Menschen fördern.

Die Priester im Tempel ärgerten sich sehr über seine Lehren. Denn er sagte dem Volk, dass es direkt mit Gott sprechen kann und dass es keine Priester dafür bezahlen soll. Jesus setzte sich auch dafür ein, dass die Gesetze für die Menschen nicht zu schwer sind. Doch genau das war den Geistlichen ein Dorn im Auge, denn ihre Macht beruhte darauf, dass sie anderen Rat gaben und ihnen das Gesetz erklärten.

Dank der Hilfe Gottes konnte Jesus viele Wunder wirken. Jesus konnte die Kranken allein durch die Berührung seiner Hand heilen, und er ließ Tote wieder auferstehen. Einmal knetete er aus Ton einen Vogel, blies einmal drauf und tatsächlich wurde er lebendig und flog vor den Augen der staunenden Menschen davon. Auch kannte er die Geheimnisse der Menschen und wusste, was sie zu essen und zu trinken hatten, sowie was in ihren Häusern war. Einmal fasteten seine Jünger, wie er es ihnen aufgetragen hatte, als sie ihn baten, Gott um eine mit allerlei Köstlichkeiten gedeckte Tafel vom Himmel zu bitten, um ihr Fasten zu brechen. Jesus betete zu seinem Herrn, und ihr Wunsch wurde erfüllt. Nachdem er den Tisch mit all den Leckereien sah, warf sich Jesus dankend vor dem Allmächtigen nieder. Jesus hatte abertausende Menschen um sich herum, die ihm bedingungslos folgten. Unter ihnen waren auch die zwölf Apostel ihm und seiner Botschaft sehr treu. Der Anführer der Apostel war Simon Petrus. Elf der zwölf Apostel wurden von Gott inspiriert. Sie verbreiteten gemeinsam mit Jesus den Ein-Gott-Glauben auf der ganzen Welt. Der Zwölfte jedoch nicht, denn er betrog den Propheten Jesus und schon wenige Jahre später fingen einige von Jesus Anhängern an, ihn zu vergöttlichen.

Auch kündigte Jesus einen weiteren Propheten namens Ahmed (was Muhammed bedeutet) an, der nach ihm kommen solle. Er sagte ihnen, dass dieser Prophet sie trösten und nur das lehren werde, was Gott ihm in den Mund legt. Obwohl viele Jesus folgten und Gott so anbeteten, wie er es ihnen gelehrt hatte, gab es auch Menschen, die seine Botschaft ablehnten und ihn töten wollten.

Der höchste Rat der jüdischen Priester traf sich, um sich gegen Jesus zu verschwören. Sie sagten dem römischen Statthalter, dass Jesus einen Aufstand gegen das Römische Reich plane, und stachelten ihn dazu auf, sofort etwas gegen Jesus zu unternehmen. Der Statthalter ließ den Propheten verhaften und Jesus wurde zum Tode verurteilt. Genau in dem Moment, als die bösen Menschen ihn töten wollten, befreite ihn Gott. Gott gab einem Verbrecher das Aussehen von Jesus, und der Mann wurde dann anstelle von Jesus getötet.

Stolz riefen seine Feinde: „Wir haben Jesus getötet!" Doch sie haben ihn weder getötet noch gekreuzigt. Weil sie das Wunder Gottes nicht verstanden hatten, dachten sie, sie hätten wirklich den Messias getötet. Auch heute gibt es Menschen, die das denken. Vielleicht zweifeln sie oder wissen nicht genug darüber. Im Koran heißt es: „*Und sie haben ihn mit Gewissheit nicht getötet.*"[94]

Gott ließ den Körper und die Seele von Jesus in den Himmel emporsteigen, denn Gott ist größer als alles andere und Er hat Macht über alle Geschöpfe. Jesus Christus wird in der Endzeit wieder vom Himmel auf die Erde herabgesandt. Nicht aber als Prophet sondern als Streitschlichter und Anführer und als ein Unterstützer des Siegels der Propheten, Muhammed. Er wird die Gemeinschaft der Gläubigen rechtleiten und zwischen den hassenden Menschen und Völkern Frieden stiften. Er wird dem Hass und dem Groll ein Ende setzen, indem er dem Weg des Propheten Muhammed folgen wird.

94. Koransure en-Nisā' 4:157.

25. DER EHRWÜRDIGE PROPHET

MUHAMMED

DAS SIEGEL DER PROPHETEN

Am 12. Rabī'ul-Ewwel (dem dritten Monat des islamischen Mondjahres) des Jahres 571 n. Chr. kam Muhammed in Mekka auf die Welt. Seine Mutter hieß Amine und sein Vater war Abdullah, der Sohn von Abdul Muttalib. Die Familie des Propheten reicht bis zum Propheten Ismael, dem Sohn von Abraham zurück. Wenige Monate vor der Geburt Muhammeds verstarb sein Vater, und als er sechs Jahre alt war, verlor er auch noch seine Mutter. Zuerst wuchs er bei seinem Großvater Abdul Muttalib auf, später dann bei seinem Onkel Ebu Talib.

Damals war es üblich, dass Neugeborene aus der

Stadt zwei Jahre bei einer Amme der Wüstenstämme verbrachten. Halima aus dem Stamm der Beni Saad wurde Muhammeds Amme.

Als Erwachsener arbeitete er erfolgreich als Händler und war bekannt für seine außergewöhnliche Ehrlichkeit. Deswegen nannten man ihn „El-Emin", der Vertrauenswürdige.

Im Alter von 25 Jahren reiste er im Auftrag einer vornehmen Witwe mit einer Karawane nach Syrien. Ihr Name war Khadische, und sie war aus dem Stamm der Quraysch. Da er sich als sehr fleißig und ehrlich erwies, sandte sie einen ihrer Bediensteten zu ihm, um ihm einen Heiratsantrag zu machen. Muhammed willigte ein und kurze Zeit später heirateten sie. Khadische, war etwa vierzig Jahren alt und daher älter als ihr Mann. Sie wird heute noch als „Mutter der Gläubigen" bezeichnet. Der Prophet Muhammed sagte über sie: „Khadische ist die beste Frau der Welt."

Die Bewohner von Mekka stammten vom Propheten Abraham und dessen Sohn Ismael ab. Die Kaaba, die von Abraham erbaut wurde, um den Einen Gott zu ehren, war ihr Tempel. Obwohl sie immer noch das „Haus Gottes" genannt wurde, bewahrten die Menschen dort ihre Götzenfiguren auf, unter ihnen auch solche, die sie „Töchter Gottes" nannten. Einige Bewohner von Mekka regten sich über die vielen Götter auf, ganz besonders der Prophet Muhammed. Er wollte nämlich der Religion Abrahams folgen und versuchte herauszufinden, was Abraham gelehrt hatte.

Muhammed zog sich gerne zum Meditieren in eine Höhle in der Wüste zurück. Diese Höhle befand sich am „Berg des Lichts“, nicht weit von Mekka entfernt, und er ging immer im Monat Ramadan dorthin. Eines nachts, als sich der Ramadan dem Ende näherte, hörte der damals 40-Jährige eine Stimme, die sagte: „Lies!“ Er erwiderte: „Ich kann nicht lesen.“ Und die Stimme wiederholte: „Lies!“ Auch diesmal antwortete er: „Ich kann nicht lesen.“ Nun ergriff ihn ein Engel und würgte ihn so fest, dass er es kaum noch ertragen konnte. Ein drittes Mal befahl die Stimme, die sich diesmal noch beängstigender anhörte: „Lies!“ Noch einmal ergriff ihn der Engel, würgte ihn und sagte:

„Lies, im Namen deines Herrn, der erschaffen hat –

Erschaffen hat Er den Menschen aus einem anhaftenden Blutgebilde.

Lies, und dein Herr ist der Gütige,

Der (den Menschen) gelehrt hat durch die Schreibfeder –

Den Menschen gelehrt hat, was er nicht wusste."[95]

Er lief aus der Höhle hinaus zum Abhang, als die Stimme rief: „O Muhammed, du bist der Gesandte Gottes, und ich bin Gabriel." Er schaute hoch und sah am Horizont im Himmel den Engel Gabriel. Und nochmal sagte die Stimme: „O Muhammed, du bist der Gesandte Gottes, und ich bin Gabriel." Mit diesem außergewöhnlichen Ereignis begann sein Auftrag als Gesandter Gottes.

Seine Frau Khadische war die Erste, die an den Propheten Muhammed glaubte und ihm im Gebet zum Allmächtigen Gott Folge leistete. Der Zweite, der an ihn glaubte und sein Gefährte wurde, war sein Cousin Ali. Zaid, ein ehemaliger Sklave des Propheten, war der Dritte. Auch Ebu Bekr, sein langjähriger Freund, zählte zu den ersten Gläubigen. Drei Jahre lang verkündete er seinen Freunden und seiner Familie die Botschaft, doch nur 30 Personen glaubten an ihn.

Nun sollte der Gesandte auch mit den übrigen Bewohnern von Mekka sprechen, denn das war Gottes Wunsch. In schöne Worte verpackt erzählte er ihnen von Gott, in der Hoffnung, dass ihnen die Botschaft gefiel. Er erklärte ihnen, dass es keinen

95. Koransure el-ʿAlaq 96:1–5.

Gott außer dem Einen Gott gibt, und dass sie nur Ihn verehren sollten. Auch rief er die Menschen dazu auf, ihr Hab und Gut mit den Armen zu teilen, Kranke zu pflegen und sich um Waisen zu kümmern.

Die meisten Mekkaner lachten ihn nur aus. Aber noch schlimmer war, dass sie sich weigerten, Gott anzubeten und weiterhin daran glaubten, dass Geld und Götzendienst wichtiger wären. Doch als er begann, ihre Götzen zu kritisieren, wurden sie wirklich wütend. Sie verletzten den Propheten und bewarfen ihn mit Dreck und Steinen, während er betete. In dieser schweren Zeit stand ihm sein Onkel Ebu Talib mit Rat und Tat zur Seite und beschützte ihn. Von Tag zu Tag wurde es immer schlimmer: Die Gegner Muhammeds töteten sogar einige seiner Anhänger, weil sie an den Einen Gott glaubten. Die Muslime waren in den ersten vier Jahren eher arm. Sie hatten keine einflussreichen Freunde, die sie hätten beschützen können. Sie wurden so unmenschlich behandelt, dass der Prophet alle, die dazu in der Lage waren, aufrief, in das nahegelegene christliche Abessinien zu flüchten. Daraufhin wanderten viele aus Mekka aus und lebten viele Jahre als Flüchtlinge in Abessinien.

Trotzdem stieg die Zahl der Muslime in der Geburtsstadt des Propheten weiter an. Gleichzeitig wuchs aber auch der Hass der Quraysch ihnen gegenüber. Schließlich konnte Ebu Talib der kleinen Gruppe nicht mehr genug Schutz bieten, und so wurden Muhammed, seine Familie und Verwandten sowie seine Freunde von den Mekkanern aus der Stadt verwiesen.

Die Muslime schlugen ihr Lager in einem Tal außerhalb von Mekka in den Bergen auf. Fast drei Jahre lang mussten sie in der kahlen und ungeschützten Wüste leben. Sie hatten nichts zu essen, und die Mekkaner wollten ihnen nicht helfen. Zu der Zeit starb auch die geliebte Frau des Propheten, denn ihr Gesundheitszustand hielt die harten Lebensumstände nicht mehr aus. Nach drei langen Jahren der Not wurde den Muslimen wieder erlaubt, in die Stadt zurückzukehren.

Noch immer hatten die Lehren Muhammeds keinen Anklang bei den Mekkanern gefunden. Während der Pilgerfahrt traf Muhammed auf eine Gruppe Männer aus Yathrib, die von seiner Botschaft begeistert waren. Dieses Treffen brachte den Propheten dazu, mit seinen Anhängern nach Yathrib, dem heutigen Medina, umzuziehen. Mit dem Tag der Auswanderung der Muslime aus Mekka beginnt die Zeitrechnung des islamischen Kalenders.

Damals zogen alle Muslime nach Medina. Muhammed und sein treuer Freund Ebu Bekr waren fast die Letzten, die Mekka verließen. Doch es reichte den Götzendienern nicht, sie aus der Stadt vertrieben zu haben. Der Gedanke, dass Muhammed nicht aufgegeben hatte und dass mehr und mehr Leute zu seinem Glauben übertraten, weckte in ihnen erneut das Verlangen, den Propheten zu töten. Muhammed sah aber den Mann, der draußen auf ihn lauerte und ihn beim Verlassen des Hauses töten wollte. Also bat er seinen Cousin Ali, sich an seiner Stelle ins Bett zu legen und die Decke über den Kopf zu ziehen. Die Mekkaner sollten glauben, er wäre immer noch im Haus. Bevor Muhammed ging, sagte er zu Ali, dass sie sich später wieder treffen werden. Dann lief der Prophet aus seinem Haus, ohne dass die Mörder ihn bemerkten. Mit Gottes Hilfe konnte er mit Ebu Bekr zusammen unbemerkt die Stadt verlassen.

Die Bande wartete die ganze Nacht auf ihn. Als sie durch das Fenster spähten, sahen sie jemanden im Bett liegen. Als Ali am Morgen das Haus verließ, wurden die Männer sehr wütend, weil sie verstanden, dass sie getäuscht worden waren und der Gesandte bereits die Stadt verlassen hatte.

Muhammed und Ebu Bekr vermieden es, die

Straße von Mekka nach Medina zu nehmen, denn sie befürchteten, dort von ihren Verfolgern gesehen und gefasst zu werden. Sie waren zu Fuß unterwegs und kletterten die felsigen Hänge zu den Höhlen nahe Mekka hoch. Bei Einbruch der Dämmerung hatten sie ihr Ziel erreicht. Mittlerweile konnten sie den Hufschlag des Feindes hören, der immer näher kam. „Was sollen wir nun tun? Wir sind nur zu zweit.“, sagte Ebu Bekr. Der Prophet führte ihn in eine Höhle und erwiderte: *„Sei nicht traurig. Gott ist fürwahr mit uns.“*[96]

Die Schritte kamen immer näher. Sie hielten direkt vor dem Eingang der Höhle inne. Ebu Bekr konnte kaum noch atmen. Doch dann hörten sie ihre Verfolger sagen: „Sie können nicht da drin sein. Seht doch, hier hat eine Spinne ein Netz über die Öffnung gesponnen und dort ist ein Nest. Es muss wohl jahrelang niemand hier gewesen sein.“ Nun hörten die zwei Gefährten, wie sich die Männer immer weiter entfernten. Ebu Bekr dankte Gott und öffnete die Augen. Da sah er, dass sich der Höhleneingang tatsächlich verändert hatte. Eine Spinne hatte nämlich in der kurzen Zeit ein schönes, silbernes Netz quer von einer Höhlen-

96. Koransure et-Tauba 9:40.

wand zur anderen gewebt und davor hatte sich eine freundlich gurrende Bergtaube auf einem Ast ein Nest gebaut. „Wie kann das sein“, wunderte sich Ebu Bekr. Der Prophet lächelte nur. Als sie sich sicher waren, dass die Gegner weg waren, verließen sie ihr Versteck und setzten ihre Reise nach Medina fort. Diese Reise des Propheten im Jahre 622 n. Chr. wurde als „Hidschra“ (die Auswanderung) bekannt, mit der die islamische Zeitrechnung beginnt.

In Medina baute der Gesandte Gottes zusammen mit den Gläubigen eine Moschee, in der sie fünf Mal täglich beten konnten. Auch bekam er weiterhin Botschaften von Gott, die ihm der Erzengel Gabriel übermittelte. Seine Freunde und Anhänger lernten die Verse auswendig, um sie schließlich auf Palmblätter und Baumrinden niederzuschreiben. Die Sammlung all dieser Offenbarungen ist der Koran.

Der Heilige Koran war nicht das einzige Wunder, mit dem der Prophet Muhammed gesegnet wurde. Einmal zeigte er in Mekka mit dem Finger auf den Mond, und der Mond wurde durch Gottes Befehl in zwei geteilt. Wenn seine muslimischen Geschwister durstig waren, betete er zu Gott und siehe da: Es sprudelte Wasser aus seinen Händen! Durch Gottes Gnade konnte er seiner Gemeinschaft Hunderte Wunder zeigen, die bewiesen, dass er der Gesandte Gottes war.

Die Muslime mussten sich auch gegen Angriffe der Götzendiener zur Wehr setzen. Nach langen Jahren des Krieges unterzeichneten beide Seiten den Friedensvertrag von Hudaibiya.

Obwohl einige Muslime den Vertrag als ungerecht ansahen, sollte die Weisheit dieser Abmachung im folgenden Jahr immer deutlicher zum Vorschein kommen. Mehr und mehr Menschen der umliegenden Stämme und auch viele Mekkaner traten zum Islam über. Schließlich durften sie im darauffolgenden Jahr, welches das achte Jahr der Hidschra war, nach Mekka zurückkehren, um die Pilgerfahrt zu vollziehen. Im vorherigen Jahr waren sie nur 300 gewesen. Nun aber kamen sie in einer überwältigenden Anzahl. Gott hatte den Muslimen geholfen, so wie Er es versprochen hatte. Die Anführer der Götzendiener hatten sich während der Wallfahrt in die Berge zurückgezogen. Von dort aus sahen sie die vielen Gläubigen und waren sprachlos. Sie waren entsetzt, wie schnell sich die Muslime vermehrt hatten. Danach zogen viele Muslime wieder zurück nach Mekka, wo sich Tag für Tag immer mehr Bewohner zum Islam bekannten.

Im zehnten Jahr der Hidschra traten Tausende Menschen zum Glauben über. Boten kamen aus vielen Ländern, um mehr über diese Religion zu erfahren. Ja sogar aus fernen Ländern wie China wurden Gesandtschaften geschickt. Im selben Jahr verrichteten sehr viele Menschen zusammen mit dem Propheten die Pilgerfahrt, es gab 40 000 Pilger. Trotzdem waren viele Menschen traurig. Denn er sagte ihnen: „Ich weiß nicht, ob ich euch nochmal hier treffen werde."

Während der Wallfahrt hielt Muhammed einige Predigten. Er erklärte beispielsweise, dass alle Blutfehden unter den Stämmen beendet seien, und dass die Muslime sich Fehler aus der Vergangenheit verzeihen sowie das Kämpfen und das Töten einstellen sollen. Er erinnerte sie auch daran, in geschäftlichen Dingen und allem, was mit Geld und Besitz zu tun hat, immer ehrlich zu sein und Wort zu halten. Er wies sie an, niemals Zinsen zu verlangen, wenn sie anderen Geld liehen, oder Zinsen zu zahlen. Alle Vereinbarungen über Zinsen aus der Vergangenheit wurden für ungültig erklärt. Auch forderte Muhammed sie auf, sich an das von Gott festgelegte Erbrecht, das hauptsächlich Frauen und Kinder schützte, zu halten und gewissenhaft damit umzugehen. Er mahnte, gegenüber Verbrechern gerecht zu sein, und immer daran zu denken, dass Vergebung besser ist als Rache. Er forderte Männer und Frauen auf, sich gegenseitig fair zu behandeln, und fügte hinzu, dass Männer gegenüber ihren Frauen Rechte haben, ebenso wie Frauen gegenüber ihren Männern. Er trug den Männern auf, sich um ihre Frauen zu kümmern und sie zu versorgen. Muhammed erinnerte sie daran, dass alle Menschen von Adam abstammen, und dass jener aus Lehm erschaffen wurde. Deshalb seien alle Menschen vor dem Gesetz gleich, und kein Mensch stehe aufgrund seiner Abstammung oder seiner Nationalität über einem anderen. Was uns unterscheidet, sind nur unsere guten Taten und unsere Gottesfurcht. Alle Gläubigen seien Brüder und Schwestern, und deswegen sollten sie das Recht des anderen nicht verletzen. Er erklärte ihnen, dass er ihnen den Koran zurücklassen werde, und dass sie niemals irregehen werden, wenn sie das tun, was im Koran steht. „Sei Du mein Zeuge, o Gott, dass ich der Menschheit Deine Botschaft mitgeteilt habe“, sagte er abschließend und beendete so seine Abschiedspredigt.

Kurz nach der Rückkehr von der Pilgerfahrt erkrankte der Prophet an Fieber. Als sein Fieber eines Nachts schlimmer wurde, war er zu schwach, um das Gemeinschaftsgebet in der Moschee zu leiten. So bestimmte er, dass Ebu Bekr die Gemeinde in diesem Nachtgebet leitete. Während des Gebets fing der treue Freund des Propheten an zu weinen. Am nächsten Morgen wurde der Gesandte Gottes in die Moschee getragen. Dort schloss er sich Ebu Bekr sitzend im Gebet an. Danach sprach er ein Bittgebet für die Gemeinschaft und für alle Propheten, und er erinnerte die Gemeinde daran, an ihrer Religion festzuhalten. Anschließend fragte er sie: „Habt ihr von dem Knecht eures Herrn gehört, der von Ihm gefragt wurde: ‚Was liebst du mehr: diese Welt oder die jenseitige Welt?' Der Mann wählte das Jenseits. Der Herr war zufrieden mit seinem Knecht und Gott versprach ihm, dass Er ihn in Seine Gegenwart eintreten lassen wird." Als er dies hörte, fing Ebu Bekr wieder an zu weinen, weil er verstanden hatte, dass der Prophet sehr bald sterben werde. Muhammed tröstete ihn, indem er sagte: „Ebu Bekr, du wirst im Jenseits bei mir sein." Er wandte sich der Gemeinde zu und sagte weiter: „Denn ich kenne keinen unter meinen Gefährten, der mir ein besserer Freund war." Dann erinnerte er die Gemeinde nochmal an den Tag der Abrechnung und bat sie um Vergebung, wenn er irgendeinem von ihnen Unrecht getan haben sollte. Er selbst verzieh jedem, der ihm Unrecht getan hatte. Dann verließ er die Moschee, um sich im Zimmer seiner Frau Aischa hinzulegen.

Seine Krankheit war weiter fortgeschritten. Drei Tage später, es war ein Freitag, blickte er zu seinen Gefährten, die sich um ihn herum versammelt hatten, und erinnerte sie erneut an ihre Pflichten gegenüber Gott und den Menschen. Dann betete er für sie, sprach ihnen Mut zu, und sank wieder in sein Kissen zurück. Einige Tage später hatte sich der Gesandte Gottes etwas erholt, und alle Gefährten waren erleichtert. Doch plötzlich trat bei ihm der Todeskampf ein, und er verstarb in den Armen seiner Frau Aischa. Ali, sein Vetter und Schwiegersohn, trat weinend aus dem Zimmer, doch Umar hielt ihn auf. „Er ist nicht verstorben, sondern er ist zu seinem Herrn gegangen, und er wird wieder zurückkehren", rief Umar und fügte hinzu: „Wenn irgendjemand behauptet, er sei gestorben, dem werde ich den Kopf abschlagen!" Dann trat Ebu Bekr in den Raum, nahm den Mantel vom Gesicht des Propheten und küsste ihn, bevor er ihn wieder zudeckte. Er sagte: „Umar, sprich nicht so! Denn im Koran sagt Gott zu Seinem Propheten: ‚Fürwahr du bist sterblich, und auch sie sind sterblich.'"[97]

97. Koransure ez-Zumar 39:30.

Sodann ging Ebu Bekr hinaus zu den Menschen, die verzweifelt weinten, und sagte: „O ihr Menschen, wenn jemand Muhammed anbetet: Muhammed ist tot! Wenn jemand Gott anbetet: Gott lebt und wird nie sterben!“ Danach rezitierte er folgende Verse des Korans:

„*(Wisst, dass) Muhammed nichts anderes ist als ein Gesandter und dass andere Gesandte vor ihm dahingegangen sind. Wenn er also sterben oder getötet werden sollte, werdet ihr dann auf euren Fersen kehrtmachen? Und wer immer auf seinen Fersen kehrtmacht, kann Gott nicht den geringsten Schaden zufügen. Aber Gott wird die Dankbaren (reichlich) belohnen. Und es geschieht nicht, dass eine Seele stirbt außer mit Gottes Erlaubnis zu einer festgelegten Zeit. Und wer sich Belohnung in dieser Welt wünscht, dem geben Wir sie (in dieser Welt). Und wer sich Belohnung im Jenseits wünscht, dem geben Wir sie; und Wir werden die Dankbaren bald schon (reichlich) belohnen.*“[98]

Heutzutage pilgern viele Muslime nach Mekka. Diese Wallfahrt wird auch Hadsch genannt. Die Kaaba, die die Propheten Ismael und Abraham zusammen erbauten, steht immer noch dort. Wenn

98. Koransure al ʿImrān 3:144–145.

wir uns fünf Mal am Tag bei unseren Gebeten Richtung Kaaba verbeugen, erinnern wir uns daran, dass nichts existiert, was Gott ähnlich wäre. Deswegen ist auch außer Gott nichts und niemand der Anbetung würdig. Muslime glauben daran, dass nur Gott allein angebetet werden soll, und bemühen sich, Sein Wohlgefallen zu erlangen, indem sie Ihn verehren und Gutes tun.

Muhammed
Der Herr der Herzen
Das Leben des Propheten
Rahime Kaya
DEFINE

Muhammed

Der Herr der Herzen für Kinder

Define Verlag

Amine, eine schwangere Frau aus Mekka, hatte einen sonderbaren Traum. Ein Licht strahlte aus ihr heraus und beleuchtete die Paläste der berühmten Stadt Bosra. Ihr wurde gesagt, dass ihr Sohn der Herr aller Völker sein wird. Sie solle ihn Muhammed nennen. Tatsächlich wurde Muhammed der Herr der Herzen und der Lehrmeister der Seelen. Das Buch erzählt in kindgemäßer Sprache seine faszinierende Lebensgeschichte.

96 S. • Hardcover • 9,90 €
ISBN: 978-3-946871-55-2

PRAXISLAM - Handbuch zum islamischen Gottesdienst

Samet Er

192 S. • Hardcover • 9,90 €
ISBN: 978-3-946871-12-5

Der ehrwürdige Ali

Abg e. V.

136 S. • Hardcover • 8,90 €
ISBN: 978-3-946871-59-0